THE FURTHER BULLETINS OF PRESIDENT IDI AMIN

Also available, in a uniform edition:
THE COLLECTED BULLETINS OF PRESIDENT IDI AMIN

THE FURTHER BULLETINS OF PRESIDENT IDI AMIN

as taken down verbatim

by

ALAN COREN

and published weekly in the pages of

PUNCH

Illustrations by

Chic Jacob and Glyn Rees

ROBSON BOOKS

FIRST PUBLISHED IN GREAT BRITAIN IN 1975 BY ROBSON BOOKS LTD., 28 POLAND STREET, LONDON W1V 3DB.

ISBN 0 903895 40 4

First impression March 1975
Second impression May 1975

The publishers would like to thank Punch *magazine for their cooperation in this publication*

Printed in Great Britain by Hazell Watson and Viney Limited, Aylesbury.

INTRODUCTION

ONE TROUBLE wid de bes' seller business: you gittin' boun' to de wheel o' fire. No sooner you dishin' out one giant masterpiece to de gobblin' pubberlic, they comin' round yo' premises an' hammerin' on de door fo' de nex'. "Come on out, John Milton!" de mob yellin', "We know yo' in there! We jus' finishin' de *Parachute Lost* an' we twiddlin' de thums, wot about dis year's jumbo pome you lazy bum?"

It hardly surprisin' E.N. Fleming packin' up de Jane

Bond racket an' turnin' to de penicillin business. Dam sight easier scrapin' de mold off bread an' floggin' it up de chemist than bashin' de fingers flat day an' night on de Olivetti an' wonderin' where yo' nex' plot comin' f'om.

Natcherly, de same happenin' wid de present writer. Las' year, de astoundin' fust book hittin' de shops, an' befo' anyone know wot happenin' de mad fans smashin' down de premises o' W.H. Smith an' carryin' de amazin' tomes off by de crate! De pubberlisher rushin' out four impressions in four munce, an' still de cravin' not satisfied. "It no good," de pubberlisher informin' me. "Only one way to shut de slaverin' buggers' gobs, yo' imperial majesty: you havin' to cobble together another great milestone in de history o' literature, how about Wensdy week?"

So here I sittin', shovin' de affairs o' state on one side, an' puttin' together a noo volume o' de famous weekly bulletins f'om downtown Kampala, Hub o' de Universe. Once again, de hole speckertrum o' worl' history gittin' put under de penetratin' review wid de amazin' insight, de dazzlin' wit, de staggerin' wisserdom, de piercin' judgement, an' de captivatin' punctwation. Once again, de readin' worl' breathin' a deep sigh o' relief, knowin' dat de sum o' yuman knowledge gittin' a noo shot in de arm! Once again, de distrackerted leaders o' de civilised worl' takin' de bonce f'om de hands an' catchin' a sight o' de gleem at de end o' de tunnel! Once again, de booksellers chuckin' de haberdashery in de air an' rushin' down de bank to inform de manager dat it all turnin' out all right, after all!

Dis noo masterpiece coverin' de entire sweep o' mankind f'om A to G. Nothin' gittin' left out: de rise o' de Uganda fillum industry, de clash wid Henry Kissinger, de fearful Commonwealf Games cock-up, de Brit election, de amazin' correspondence wid Elizabeth Two, de piller-grimage to Mecca, de story o' Concorde, de shockin' attemted coo against de author, de sex-an'-corruption Scandal O' De Year, de Irish Question, de Incident O' De Major Snub, de famous attack on de critics, de Cyprus War, de end o' Nixon, de heartrendin' farewell to his flock–it all here in de matchless shimmerin' prose! It a piece o' livin' history, a imperishable gift fo' handin' down to de grandchildren along wid de Winifred Churchill ashtray an' de Free Esso Tumblers showin' de Worl' Cup Squad.

It also, as I revealin' in de tex', de las' time I committin' de great brane to print. Let de worl' scream an' rip out de hair, let de pubberlishin' trade leap f'om de high windows, let posterity put on de sackclof an' de ashes an' walk about mumblin' in de bitter twilight, it makin' no odds. I not fallin' into de over-production trap, I not plannin' to tarnish de pure gole wid de hack dross.

Dis positively de final appearance. If you flickin' through dis book an' wonderin' whether you ought to cough up de ludicrously small ready or wait fo' de nex' one in de series, stop entertainin' de fond illusions. F'om dis moment on, de mitey lips fallin' silent an' de magic hands droppin' f'om de keys.

Git it while you can!

PRESIDENT IDI AMIN, VC, DSO, MC, D.Litt., Al-Haji
Kampala, January 1975

A STAR GITTIN' BORN

I DAMN glad to see where de Fleet Street hacks pickin' up de worl' scoop I givin' 'em considerin' de Uganda Fillum Industry! De fust thing you got to git when you cobblin' a fillum epic together is de pubberlicity, doan matter a pig's burp if you ain't got de script or de loot or de chrome Brownie wid de zoon lens provided de leadin' lady havin' it away wid de leadin' man an' Nyerere de Wonder Dog stickin' de paw in de wet concrete an' sim'lar.

Jus' fo' de record, Amin Studios doin' a bit o' de fishin'

aroun' at present, ain't too certain what we gonna kick off wid: when you got de entire cinematic worl' at de feet, de only difficulty is choosin'. Pussonally, I goin' fo' de giant spectackerler, wid all de colossal an' stupendous trimmin's, I gonna be de noo Cecil Hur an' Dr. W.G. Griffiths rolled into one, wid a touch o' de famous Alfred Ballcock suspenders. De plot I got in mind fo' de fust production startin' off wid de American Civil War in which I takin' de part o' Rat de Butler, walkin' about wid de ten-gallon hat an' de smile playin' about de lips an' droppin' a nummer o' de minor characters wid de Colt .45. After that, we goin' into de famous chariot race bit, where I drivin' a worl'-famous team includin' such pop'lar favourites as Mickey de Mouse, Goofy, Yogi Duck an' de Andrews Sisters; soon as I winnin' de race, we switchin' to de Souf Pole where I waitin' wid de hot Bovril for Captain Scott, played by de famous brudder-in-law Ngaga Mbibi.

Soon after that, it time fo' de comedy, I comin' on wid de baggy pants an' eatin' a shoe, which takin' de plot natcherly into de sequence where I suddenly fallin' down in de High Street at de top o' de cello-playin' career on account of I got de Unknown Wastin' Disease wot bafflin' wart specialists de worl' over, an' not only havin' to pack up sawin' de ole cat's innards but also takin' to de bed an' finally snuffin' it wid a lot o' de big-name stars weepin' all over de quilt an' de full treatment f'om de Entebbe Pubberlic Hygiene Department Tin Band whackin' out de *Dead March F'om Saul.*

'Course, it a well known fac' dat you can't have de lead star kickin' de jam jar after only four hours o' de film, so we got to do a bit o' de resurrectin', which is where we flashin' across to de super-colossal car'board castle wot goin' by de name o' Chez Frankenstein, an' befo' we knowin' it there's dis great big bolt o' lightnin' wot strikin' a item under a sheet, an' wow! Who dis but Idi Amin agen, only dis time he got de bolt in de neck an de stitchin' all over de worl'-famous bonce, lookin' like nuthin' so much as a Finance Minister wot bin helpin' de Uganda Special Branch wid de enquiries, an' soon as he off de operatin' table he start walkin' about an' knockin' down de doors etcetera, gonna scare de loyal subberjecks witless, also doin' 'em a lotta good, seein' de front door kicked down in de middle o' de night an' de famous Pres stompin' in wid de dander up!

Got a intermission at dis point, an' after we makin' a few bob on de lollies, wot we findin' but de Battle o' Britain, wid de young golden-haired Wing Commander Idi Amin Esq., DFC an' nine Bars, zoomin' about on de two tin feet an' knockin' de Messerschmitts out o' de sky like coconuts on Hammersmif Heath, prior to gittin' de wings knocked off of de Spit over France an' windin' up in de Jap POW camp due to de strong headwins, where I escapin' by diggin' a tunnel under de River Kwai an' swimmin' to nearby Broadway to change de entire course o' de fillum musical wid de revolutionary *Amin Git Yo' Gun,* LPs on sale in de foyer.

Dat de natcherl end, an' everyone goin' out hummin' an' dancin' an' weepin', an' sayin' (like de whole worl' sayin'): "Wow! Dat Idi Amin gonna be de noo King Kong!"

January 9 1974

A NOO LIFE

RHODESIA GOIN' UP de spout, an' no mistake! You no doubt bin readin' where de notorious Ian Smith sendin' out de SOS call fo' a million white immigrants, on account of de pale items bin seepin' out o' Rhodesia to de point where de country currently givin' de impression of a bust boil; also de black popperlation bin risin' at an amazin' rate due to de well-known virility o' de people o' de coon persuasion. Old Smitty standin' there like de famous King Newt wid de emergent peoples nibblin' at de socks, pretty soon he gonna feel de hands pluckin' at de knees, an' it only a matter o' time before he got de dark thumbs pressin' on de winpipe!

So what he doin'? Well, he turnin' de face to Europe an' de downtrod Brits all shufflin' aroun' in de dark an' lookin' fo' de candle-queue an' wonderin' when de free Amin bananas gonna start arrivin' in de shops, an' he tellin' 'em: Come to Rhodesia, it got de sun, it got de boun'less opportunities, it got de prosperity, it got de swimmin'-pools in de backyard, it got everythin'! Wot he neglectin' to mention is it also got de machete in de back o' de bonce an' de memmers o' de fambly floatin' in de deep end wid de .45 holes in fo' easy ventilation; pussonally, if I was one o' de aforementioned downtrod citizens, I reckon it a damn sight preferable hangin' on in Stoke Newington an' chompin' on de catsmeat to windin' up as a human fritter at de Annual ZANU Barbecue an' Ball.

De Brits all got an alternative choice, o' course: anyone wid a eye on de future an' a bit o' spirit ain't havin' to look no further than Uganda, home o' freedom an' reg'lar square meals! Ever since we showin' de boot to de imperial dregs an' de beloved Indopak brudders an' sisters, we findin' ourselves wid countless vacancies fo' de semi-skilled pussons: take de noo Civil Service, fo' example, we up to de ears in Permanent Under-Seckertaries, Technical Advisors, Senior Assistants etcetera, but we damn low on de junior grade staff wot we need fo' tyin' de shoes, readin' de official papers out loud, showin' how to blow de nose widout ruinin' de wallpaper, makin' sure de loos is gittin' flushed, all de menial stuff wot de top dipperlomats ain't gittin' de time to bone up on. Sim'lar wid de top industrialists: all we needin' to git Ugandan Industry off de groun' is a few semi-skilled white immigrants to operate de lifts, dial de phone nummers, an' so forth. It damn embarrassin' havin' de top execkertives standin' on de noo mahogany desks an' screamin' every time de phone ringin', or refusin' to git in de lift on account o' de possibility o' de Evil Eye nailin' 'em between floors. Likewise, de Ugandan Army got more Colonels an' Majors than it knowin' what to do wid, de Kampala Officers' Mess lookin' like Wemmerley Footer Stadium on Cup Final day; wot we desperately short of is a few Corporals etcetera wot got de hang of unfoldin' a map widout rippin' it to bits an' how you tell which way a river flowin' widout takin' de boots off an' watchin' which side o' de leg collectin' de weed.

It criminal fo' us Empire-builders, havin' de whole o' Africa at de feet an' no way to do de necessary exploitin'! All we short of is de cheap labour, an' now we knowin' where to lay de hands on it, it only a matter o' time befo' we wipin' de floor wid de rest o' de tradin' worl'!

It jus' a question o' takin' up de black man's burden, is de way I lookin' at it.

January 16

WAITIN' FO' HENRY

IT GITTIN' to look like I de only worl' leader wot ain't gittin' a visit f'om Henry Kissinger. I tell you, I an' de wives gittin' damn sick o' turnin' down de bunk bed an' goin' over it wid de expensive Flit an' everythin', also ringin' up de top Kampala dolly, Miss Phoebe Ngaga, 38-39-44, an' bookin' a table fo' de lucky pair at de Entebbe Wimpey plus Wilfred Mbili, de well-known gypsy violinist—a Head o' State gittin' to look a right idiot, runnin' about an' gittin' everythin' fixed up jus' in case de trendy superkraut jettin' in fo' de informal natter, also it damn expensive wot wid de services o' de enticin' Miss Ngaga runnin' out at aroun' nine bob a hour includin' plastic rainwear, an' you gotta pay fo' de reservations irrespective o' whether de Seckertary o' State turnin' up, otherwise de lovely Phoebe li'ble to come roun' an' stick a stiletto heel in yo' bonce, not to mention goin' fo' de groin wid de ever pop'lar ridin' crop.

Dis abbersence havin' a marked effect on de loyal popperlace, especially on account o' havin' to fork out fo' de paper Stars an' Stripes wot gonna be waved on de ride f'om de airport, also gittin' up de noses o' de Kampala All-Stars Banjo Minnerstrels, formerly de Eluwigi String Quartet, who reckonin' it a bit of a comedown f'om de Ludwig Mozart, havin' to stan' aroun' at de end o' Runway One wid de banjos tucked under de chins waitin' to greet Kissinger wid de famous *Darktown Strutters Ball.* But de main problem is where de devoted subberjecks beginnin' to feel I gittin' de snub—dey see de worl'-famous Kissinger whippin' roun' all de rubbish, hob-nobbin' wid de wogs an' de fiendish Israelis befo' nippin' across to put de arm on de disgustin' Douglas-Alec-Home, coppin' de big Nobel gong fo' knockin' de Far East into shape, rushin' home to de crazed Nixon, whippin' back to de Kremblin fo' a quick bortsch wid de Russians—an' wot happenin' to Uganda, nub o' Africa, while all dis goin' on? We jus' sittin' here on de bums polishin' de bes' EPNS an' starin' up at de sky fo' de fust glimpse o' de great silver bird.

Wot keepin' him? Dis de golden opportunity fo' a ambitious honky, he done de Middle East, he done de slant-eyed lot, he done de Commies, it about time he rollin' de sleeves up an' gittin' down to de coon question, an' where better to kick off than wid de top coon? Kissinger could colleck de entire set, could be de hottest property since Jesus Christ; if you ask me, de trouble is wid handin' out de Nobel item too soon, man git de ole Swedish cheque in de bank an' de Oscar on de mantelpiece, he boun' to go off de boil a bit, look at de famous W.S. Churchill, after he coppin' his Prize he stop declarin' war an' jus' sit aroun' swiggin' de VSOP an' sim'lar, also E. Hemingway puttin' de shotgun in de mouf, likewise de famous Ian Fleming, wot he doin' after cobblin' together de penicillin? Nothin'!

Well, I ain't never bin one to push hisself, but I ain't takin' dis insult lyin' down, I can tell you! If Kissinger reckonin' there not bein' any percentage in jettin' down to Uganda, Empire o' de future, he gonna find hisself wid a worl' crisis on de hands. Dis de last intimation, if he listenin', an' if I ain't gittin' a han'-written letter in de nex' few days, I gonna march on de vile Nyerere an' put de rat among de pigeons. If de peace negotiatin' de only way I gittin' Kissinger to come down here an' cough up a bit o' respeck', such as puttin' us bofe on de worl'-wide *Time* cover, dat de way it gonna have to be.

After all, neither of us is in dis business fo' our healf.

January 30

PLAYIN' DE GAME

DE DISGUSTIN' Commonwealf Games over fo' anudder four years, so it lookin' like a good time fo' de post morton, especially considerin' de outbreaks o' de low-grade an' astoundin' behaviour durin' de past fortnight. Look at de abominable incident wid de worl'-famous Dave Bedford gittin' de spikes in de expensive shins! Look at de shockin' business o' de steeplechase punch-up! Wot it all comin' to, dat de question us informed sources addressin' ourselves to, an' de gen'l opinion o' us experts is dat de international atherletics scene goin' up de spout.

Jus' when it lookin' like it gittin' off de groun' an' openin' de noo horizons, too: fo' years, de top international atherletes bin meetin' to do de runnin' about an' de fust-class chuckin' o' assorted objecks in a atmosphere o' de bogus goodwill, jus' showin' de deps wot de worl' sinkin' to when de notorious English pubberlic school code gittin' de hands on it. People goin' out fo' de top gongs an' de val'ble gole items all expected to shake de hands an' put de big grin on de face an' carry on as if de objeck not to do de winnin', only de takin' part. Wot a load o' ole cobblers! Everyone know de whole purpose bein' to git de stuff up on de mantelpiece an' make de neighbours eyes do de poppin' out all over de carpet, also lettin' 'em know dat if they kickin' up a row in de night or lettin' de dog pee on de uraniums they gonna find theirselves hangin' on de communal fence wid de javelin through de froat!

An' suddenly, after all dese loony meetin's, we gittin' a breakthrough at de Olympics, people lashin' out at one anudder, people gittin' shot, de nations carryin' on in a natural spirit o' normal healthy competition, none o' de after-you-Claude rubbish. So naturally, de worl' lookin' to de Commonwealf Games wid a noo eye, everyone hopin' fo' a bit o' de blood-lettin', especially when it come to de black men layin' it on de white trash, an' it goin' pretty good at de start wid de Kenyan brudders slashin' at de mad Bedford an' knockin' over dis Davies pusson wot shapin' up to win de steeplechasin'. Naturally, de honky crowd goin' up de wall at de noo tactics, wot else can you expeck wid de white colonial trash, de Noo Zealanders got nuffin' else to think about excep' whether de butter got lumps in it or de bogus cheddar comin' up to de scratch; rest o' de time, they dancin' wid de sheep an' sim'lar, ain't surprisin' de twentieth century passin' 'em by. Still, who carin' about them, an' we all lookin' forward to more o' de same, possibly seein' de Bedford rubbish gittin' turned into hamburger in de 5,000, or de white long jumpers findin' a snake in de sand, or de Brit boxers coppin' a large horseshoe to de chin, or one o' de more enterprisin' emergent nations enterin' a U-boat in de Firefly class—but nothin' happenin'.

I tell you, it all gonna be damn diff'rent at de 1982 Games! Can't speak for 1978, it already been bagged by de disgustin' Canadians who no doubt reckonin' to grab a lotta gongs due to de weather conditions as seen in *Nanook o' de Norf* an' sim'lar, gonna be damn hard fo' de black men runnin' de hunnerd metres in de snowshoes, not to mention where de top African swimmers havin' to go in wid de skates tied to de elbows an' de knees, also keepin' a eye out fo' de penguins an' de polar rubbish. But in 1982, I puttin' in a bid fo' holdin' de show in Uganda, an' all I sayin' is: Watch out, whiteys an' de Asian junk, we comin' through! Gonna git de black boxers runnin' in de track events, any white stuff still standin' by de fust bend, my name ain't Idi Amin Esq. VC, gonna be pullin' de mattresses away f'om de pole-vault pit soon as de honkys airborne, de white lot gonna find theirselves wid a lotta four-foot-tall jumpers, gonna introduce de all-in javelinin', wid de Kampala Assegai team released f'om clink fo' de occasion, gonna git de presidential crocodiles standin' by de divin' pool in case o' emergencies such as a error in de scorin' by de judges, an' dat jus' fo' openers!

After all, dat wot de Commonwealf all about, anyhow.

February 6

KAMPALA! KAMPALA! DAT TODDLIN' TOWN!

WELL, HERE it comin' again, it de famous February 14 tomorrow, an' once more de worl' turnin' away f'om de crises an' de issues an' sim'lar, an' feelin' de well-known upsurge o' joy concernin' de imminence o' St. Valentine's Day. An' de question on everyone's lips at de moment is: Who we gonna massacre tomorrow?

De worl' comin' a long way since de notorious Al Capone openin' up wid de Thomson sub-machine items an' ruinin' a puffickly good garage wall wid de brains etcetera o' de opposition. It a well-known fac' dat on de famous occasion in 1929 o' wot I speakin', at leas' half a dozen top-grade limousines gittin' de paintwork ruined by de ricochet, not to mention a bran'-new Packard stoppin' a slug in de radiator f'om which it never properly recoverin'. Speakin' as de owner o' de mint-condition Citroen-Maserati mentioned in dis column a coupla munce back, I makin' damn certain no rubbin' out goin' on in de Presidential garage! People wants to git massacred in fashionable Kampala, they gonna have to git it done down de prison yard in de traditional way, not havin' a load o' de swingin' trendies expectin' to take a bran' noo coach-built Italian job wid 'em when they go.

Funny, when you lookin' back, it only forty-eight years, or possibly thirty-two (all dis carry one an' takin' away de nummer you first thinkin' of makin' it damn difficult gittin' de hist'ry right) since Capone gittin' de big front-page treatment wid de full-face photos an' de big capital letters etcetera, jus' fo' knockin' off a mere seven people wot you can count on de fingers o' one hand. Dat de Dark Ages o' massacrin', as far as I concerned; nothin' but a load o' primitive savages bangin' away wid a outdated chopper. An' we talkin' about a period when de popperlation o' Chicago was two million! How come dis Capone gittin' all de star treatment? I lookin' at it dis way: you a pretty lousy massacrer if you managin' to miss 1,999,993 people, it not surprisin' he gittin' put away fo' cockin' up de tax returns an' later snuffin' it wid a dose o' de fearful clap, de man nothin' but a long list o' ineptitude f'om start to finish.

An' wot happenin'? He gittin' fifty pitchers made wid him in 'em, many in de famous Technicolor, also starrin' de fust-class Hollywood talent includin' de Humphrey Muni an' de Edward P. Robertson, everyone comin' out o' de Entebbe Gaumont an' de Kampala Roxy an' goin' yat-tat-tat-tat-tat an' shovin' de hat on one side an' all de kids yellin' about whose turn it are fo' bein' Bing Cagney an' so forth, de whole thing a travesty o' justice! Wot about movies wid de top names starrin' as Idi Amin, where all de people rushin' to sign de contracks? After all, I bin pussonally responsible fo' rubbin' out close to a hunnerd thousand people in less than two years, also playin' it damn careful over de tax situation, such as not payin' none, an' anyone up de Innerland Revenue gittin' funny ideas gonna find hisself jus' addin' to de massacrin' reputation; also gittin' a clean bill o' healf on de VD question, an' gen'lly not puttin' a foot wrong in de entire career, not to mention bein' de right hue fo' de trendy noo black crime movies instead o' de out-o'-date Wop.

All I can say is, I ain't waitin' aroun' till I snuff it befo' people start makin' de worl'-wide movies, an' I sincerely hopin' dis plea gittin' to de right quarters. An' if I don't start gittin' de approaches while I at de top o' de profession, it gonna be too late, anyway.

After all, pretty soon I gonna be runnin' out o' people to massacre.

February 13

SMART PEE EM WANTED

DIS DE TIME when us top international commentators comin' into our own, an' no mistake! Wid de whole o' Britain runnin' about an' shriekin' an' not knowin' where de nex' gumment comin' from, it de time fo' us informed sauces wid de obberjective viewpoint to start lashin' out de considered judgements.

Fust off, Brits, ain't no good votin' fo' de smilin' Heaf. Heaf a weaklin' o' de fust water, all dis FIRM BUT FAIR stuff a load o' ole cobblers. How you gonna vote fo' a man wot sayin' he lookin' fo' a mandate to rule? He got de mandate on account of he got de feet under de table at de famous Nummer Ten Downin' Street, an' any leader wid a bit o' de spunk gonna shove de sideboard against de door, git de Sten gun off de top o' de wardrobe, an' soon as de opposition start runnin' off at de mouf about it bein' time to git out, he gonna start pumpin' out de sophisserticated political arguments through de letter-box. Imagine him sayin' dis election all about who runnin' de country! Anyone askin' dis question in Uganda gonna find hisself wid de answer tattooed on de liver. Sim'ly, take de issue o' de disgustin' miners; wot beatin' me is where they gittin' de upper hand in de fust place, workin' to de rule etcetera; we got de miners in Uganda, too, an' any miner showin' up two minutes late fo' de shift windin' up wid de bonce riveted to a pit-prop. An' Heaf shootin' off de face about de smack o' firm gumment! I tell you in Uganda you can hear de smack four mile away on a clear night. Likewise, anyone complainin' about de risin' food prices an' sim'lar gonna be takin' a light lunch off a fricasseed leg an' countin' hisself lucky he can still hop.

We now comin' to de Henry Wilson an' all de rest o' de lef' wing rubbish, wot kind o' revolutionary potterin' about wid de dog an' de pipe, lookin' like de famous Mister Miniver? If you de revolutionary opposition, you got a obberligation to come out o' de hills wid de trained madmen behind you, includin' de Russian ordnance an' de Chinese advisers an' de Arab sympathisers, an' not stoppin' befo' you got de entire cabinet wid de heads stuck up on de prominent poles. Wot Callaghan an' Healey an' de gang doin', whizzin' about in de green Rovers an' de charcoal-grey suitin' an' goin' on de telly wid de big smiles an' de reasonable arguments? Oughter be in de Eppin' Forest an' cobblin' de molotov cocktails an' sim'lar, also slittin' a few prominent froats, instead o' takin' tea wid de notorious Shirley Williams.

Wot kind o' revolutionary called Shirley? How far you reckonin' Russia gittin' wid Shirley Stalin at de helm? How much trouble you figurin' Batista gittin' f'om Shirley Castro?

De Lib'rals runnin' true to form, though. Wid de front line consistin' of a tee vee dog, de Worl's Fattest Man, an' de one wot doin' de fust-class impressions o' de Gaulle, dey makin' damn sure no-one takin' 'em seriously, de whole mob lookin' like Bertram Smart's Circus, if you askin' me.

So, then, wot de Brits gonna do when Feb 28 comin' roun'? It clear to me de country lookin' fo' a strong leader wot free o' de loonie party ties, wot got a command o' de flash oratory an' know where to lay de hands on de famous Webberley .45, wot not takin' no lip f'om de union rubbish, wot understandin' de immigrant problem at de fust hand an' not draggin' de feet over de Asian rubbish, wot already provin' hisself in de big league, wot got de top British military trainin' as seen on de Duke o' Wellington an' de Horace Nelson an' sim'lar, wot goin' over big wid de female popperlace, wot . . .

No point goin' on. Everyone catchin' de drift!

February 20

A HOME FIT FO' ENOCH

GITTIN' ENOCH'S room ready.

Got de noo Airwick standin' in de onsuite khazi, got de smart paper f'om de glossy *Queen* magazine up on de nail, got de flash Lifebuoy soap nex' to de bucket fo' gittin' all de baccerteriums off. It jus' like home, all de top comforts, includin' de calendar f'om de Wolverhampton Glazin' Co. Ltd. wid de Elastoplast across de titties on account of Enoch bein' a God-fearin' pusson, also not wantin' him thinkin' we a lotta damn savages.

England's loss gonna be Uganda's gain, is de way I lookin' at it. It not surprisin' where de great Powell finally gittin' choked up to heah wid de refusal o' de Brit gumment to act on de advice o' de greatest political philosopher since de mighty Goebbels (a man wot overcomin' de terrible physical disability to rise to de top o' his profession). O' course, it gotta be pointed out where Enoch pickin' up a lotta de big ideas f'om de Kampala think-tank, such as de repatriatin' o' de disgustin' Asian brudders an' de amazin' free-wheelin' economic policy wot takin' us forward in de leaps an' de bouns, such as me endin' up wid de noo Maserati an' de former Trades Unions all holdin' meetin's in de fashionable basement o' de Mipone clink. Also not gittin' hisself dragged into de notorious Common Market wid all de inferior Europe rubbish; Enoch still dreamin' de dream o' Empire, an' I goin' along wid dat, in spades.

Still, even tho' he nickin' a lotta de top ideas, it still takin' de courage to put 'em across to de popperlace, not to mention where de ole ladies shovin' de dog turds through de letter-box in de small hours, an' it entirely appropriate where Uganda extendin' de hand o' friendship in de time o' need. Enoch gonna be de fust English political refugee f'om prosecution, he de noo Alexander Thing, gonna settle down in de wes' wing o' Amin Towers an' write his *Gooley Archipelago,* all about bein' on de wrong end o' de Stalinist Heaf, wot Enoch already diagnosin' as roun' de twist. We gonna see to it he lef' alone to do de thinkin' an' de musin' an' de formulatin' o' de noo visions until he ready to answer de call o' de gaspin' Brits an' comin' back like de king across de water, de Barmy Prince Charlie lyin' in de arms o' de voluptuous Ramsay MacDonald, returnin' after exile to de sufferin' people wot finally seein' de error o' de ways.

Also givin' him a top job in de Cabinet until he ready fo' de departin'. Gonna add a lot o' class to de Uganda Gumment, havin' de token whitey on de staff, ole Nyerere gonna be goin' dark green wid de envy, nobody in mid-Africa got a genuine honk on de payroll. Enoch gonna be up there on de platforms, stirrin' up de crowds wid de long words an' de rousin' sentiments, showin' de famous classical education an' hittin' 'em wid de posh Greek stuff an' tellin' 'em about cuttin' up de Gaulle into de three parts, dey gonna be stampin' an' screamin' an' froffin' at de mouf, it gonna be jus' like de beloved Midlands all over again.

'Course, I ain't gittin' a definite answer to de telegram yet. But it only a matter o' time. Enoch boun' to recognise where de troo destiny lyin', any day now.

February 27

WOT PRICE DE NATIONAL GUMMENT?

YOU ALL SEEN de telegram I bangin' off to Elizabeth Two concernin' de Ugandan recognition o' de noo Brit Gumment, always providin' it still there at de time o' goin' to press. De nub o' de tex' stipulatin' dat my recognition dependin' on whether de noo lot prepared to give de ministerial status to de Ulster Catholics, de Scottish Nationalists, de Welsh Nationalists, de Indepennerdents, plus express de unflaggin' support fo' de assorted African an' Palestinian liberation movements.

It lookin' like a reasonable package to me; it got all de earmarks o' de far-sighted political thinkin'. Fust off, it gittin' me in damn good wid de loonie fringe, shuttin' up de gob o' de black Commie trash who currently givin' me a lotta lip out in de sticks concernin' such items as de Presidential income an' de diamonds hangin' on de Presidential wives while de bulk o' de popperlace boilin' bark fo' de gum soup an' hopin' a coupla insecks fallin' in fo' de protein. Also, I sick an' tired o' de Frelimo rubbish comin' in f'om Mozambique an' tryin' to put de arm on me fo' de funds an' makin' a lotta threatnin' noises if de requisite coughin'-up not takin' place. Plus where Gaddafi never off de phone an' always reversin' de charges, runnin' off at de yapper about how I promisin' him de trainin' facilities an' de hospitality fo' de wog assassins in return fo' de famous Tereschnikov 9-mm jobs he bringin' in in de carrier-bag on de las' visit. It constitutin' a red-hot bit o' de ole-fashioned diplomacy if I gittin' de Brits to recognise all de weeny groups o' madmen, it savin' me f'om de revoltin' forkin'-out, which is de name o' de game.

Wot, I hear yo' sayin', Britain gittin' out o' dis? Well, de way I seein' it, de noo PM (or AM, as some people callin' him, on account of he unlikely to las' past lunchtime) gonna go along wid de Amin Proposals an' play into de wily hands o' yo's truly fo' de damn good reason dat he gonna have to be on de constant lookout fo' de sort o' legislation he likely to get through Parliament without de Pickfords vans comin' in an' out o' Downin' Street like yo-yo's. It no good hittin' 'em wid de gittin' out o' de BBC, or muckin' aroun' wid de notorious Face III, or attemptin' to introduce de nationalisin', or bonkin' a Wealf Tax on de popperlace; dis only gonna end one way. In order to hol' down de job an' bring de fat wage-packet back to de smilin' poet ev'ry Friday, he gonna have to keep de whole business tickin' over wid de small-scale Bills wot givin' de Memmers somethin' to chew on an' shout about; plus which, if he takin' de informed advice an' stackin' de Cabinet wid de barmy Nats an' Orangemen etcetera, he gonna avoid trouble f'om de Jenkinses an' de Shorts an' all de rest o' de junk wot lookin' fo' de chance fo' top gongs an' de chance to flog de memoirs when de time ripe. If you got de Rabbi Ian Paisley as de Foreign Seckertary, an' Sir Winnie Ewing as de Chancellor o' de Exchequer, an' a brace o' Welsh buggers lookin' after Defence an' de Home Office, an' wot you givin' 'em to argue about is de recognition o' de PFLP or de size o' de noo Memmers' bike-shed or items o' sim'lar pith an' siggernificance, you gonna be able to sit aroun' till 1979 wid de complete confidence, smokin' de pipe an' countin' de stuff as it comin' in ev'ry payday.

Ain't gonna make much diff'rence to de way de country runnin', either. De Whitehall an' de City gittin' on wid carvin' up de loot an' de power, de TUC gonna carry on de same way irrespeckertive o' whether they gittin' Genghis Khan or de lovely Esther Williams in Nummer Ten, so de main thing us leaders gotta consider is how we stayin' up there where de free cars an' de top nosh is.

It called Moderation, an' I jus' hopin' Liz Two passin' de message on.

March 13

QUICK PROPHET

DE GONG BUSINESS really gittin' into de top gear las' week, as you natcherly bin seein' in de worl' press, wid de addition o' de coveted Al-Haji nailed to de far end o' de Presidential monicker, which now readin': President & Commander-in-Chief Idi Amin Esq., VC, DSO, MC, D.Litt., Al-Haji, an' necessitatin' a entire new printin' o' de pop'lar Ugandan tome, *Who Dat?*

Dis Al-Haji stuff signifyin' where de incummerbent makin' a pilgrimage to Mecca, famous home o' de Miss

Worl' contest; an' it beatin' me how anyone judgin' anything, wid all de contestants walkin' about wid nothin' but de eyes showin'. De whole business comin' as a big disappointment to a devout Muslim like me wot hopin' fo' a sight o' some o' de 38-22-37 stuff I bin readin' about, an' I gittin' some damn funny looks in Mecca las' week, I can tell you, jus' fo' goin' up to some o' de sheets wid a bit o' wiggle under 'em an' sayin': "Wot you gonna do wid de loot if you winnin', baby?" an' "How about comin' roun' de back o' de bus-depot, it so happenin' I a pussonal friend o' de judges?" an' sophisserticated stuff like dat.

Still, it ain't all fo' nothin', now I got dis new bit o' exclusive letterin' at de top o' de notepaper, it goin' down damn well wid de mad Gaddafi an' sim'lar. Especially as I couplin' it wid de much-pubberlicised visit to de Islamic Conference in Lahore an' helpin' to cement de relations wid de beloved Asian brudders an' sisters, despite havin' to put a bolster down de middle o' de bed an' kip in de bog wid de cocked Webberley .45, jus' in case any o' de trash losin' any o' de near an' dear stuff durin' de recent misunderstandin' in Uganda.

Anyway, when you one o' dese Al-Haji pussons, you beginnin' to look at de worl' wid a noo eye: as everyone knowin', I always enjoyin' a damn good relationship wid de Almighty, he reg'ly droppin' in fo' de natter durin' de elevenses, also comin' across wid a lotta tips, as followers o' my amazin' career knowin', such as: "Wot de hell you keepin' all dese judges etcetera on de premises fo', Idi? Now de time to drop de buggers in de croc-pool," an' other inval'able advice o' de sim'lar nature. But over de pas' few munce, we ain't gittin' too much time togedder, I bin runnin' about de worl' sortin' things out, openin' de various bank accounts, orderin' de noo suits an' cars an' de wafer-thin gole watches; ev'ry time I gittin' back to de office, wot I findin' but a note f'om de private seckertary sayin': "God Almighty called, tole him you was out, also de garage on account o' you got de wobble in de king-pins, an' de greengrocer claimin' you still owin' him fo' four lb sprouts an' a parsnip."

I feelin' damn guilty, I tellin' you.

So de pas' few days, fo' anyone not readin' it in de notorious *Daily Mail,* I bin in de retreat an' sunk in de deep meditatin', de uppershot of all dis top thinkin' bein' dat de worl' comin' to a end in five years time, at ten to five on March Two, 1979, to be exac', which constitutin' de damn good news as far as de villainous H. Wilson concerned, but a bit irritatin' fo' anyone else wot plannin' to hang about de place a bit longer.

Natcherly, it a cause o' consid'able grief to me pusson-ally, seein' as I was jus' on de point o' announcin' de five-an'-a-bit-year-plan fo' Uganda, country o' de future, jus' about to counsel everyone, includin' me an' de wives, to pull de horns in, go on de bread an' de water, pitch all de money into de gumment pot wid a view to expandin' de industry, buildin' de strong economy, makin' Kampala de noo centre o' worl' trade an' culture, not to mention puttin' a man in de Milky Way an' tappin' de enormous oil reserves wot Uganda sittin' on. But de way things turnin' out, de message to de popperlace is spen' de stuff while you can, eat, drink, an' git a bit o' de other, fo' tomorrow we snuffin' it.

So, wid de heavy heart, I goin' down to git de Maserati out an' bomb off to de airport fo' a quick trip to de famous Riviera an' de Alps an' so forth befo' de Almighty droppin' by fo' de final chat. After all, wot good bein' a leader if you ain't settin' de shinin' example?

March 20

COME FLY WID ME!

IT VERY LIKELY gonna turn out de week when de top dream comin' true! It bin somethin' at de top o' de pussonal prayin' list fo' years; every night when I kneelin' by de bed an' stickin' de pins in de plasticine Nyerere or peein' in de smart Victorian po, de fus' thing springin' to de lip is "Please God, git me a Concorde!" Also, I losin' track o' de times I comin' back f'om Doctor Aziwi's Jubilee Dental Parlour wid de mouldy chopper tied up in de hankie an' puttin' it under de pillow in de hope it gonna git transformed into de iggernition key o' de amazin' Concorde, only all I findin' is de same lousy toof, I don't know wot happenin' to black magic, it goin' downhill like everythin' else.

But suddenly it all changin'! Las' week, I openin' de famous *Kampala Bugle* an' wot catchin' de eye but de noos dat de British Gumment, in de shape o' de trendy Josiah Wedgewood, formerly de Lord Ramsgate an' inventor o' de blue teapot, bin makin' de calculations on de cuff; an' wot it concludin' but dat de miraculous Concorde prob'ly gonna git melted down fo' cutlery or sim'lar on account of if you not able to quit when you ahead, might as well quit when you one thousand million behind else you gonna end up wid a island containin' one Concorde wid ten gents polishin' it an' fifty million other pussons wid de dreaded beri-beri standin' aroun' rattlin' de tin cups.

So it lookin' like a good time fo' a outsider to put in a bid fo' de thing befo' it gettin' recycled as two gross o' non-stick saucepans, an' Uganda jus' de place. It well-known where I doin' everythin' possible fo' de international prestige o' de country, such as buyin' de fust Maserati in Central Africa, settin' up de Uganda Fillum Industry wid de bes'-known son as de fust fillum star, buildin' four noo palatial homes an' puttin' Uganda in de forefront o' architectural development, buyin' a lotta noo jewellery fo' de wives an' enablin' 'em to hole de head up in de company o' Elizabeth de Tailor an' sim'lar; everyone readin' dis column over de pas' year knowin' all about de famous self-sacrifice in de name o' Uganda. An' now we gonna be de only country in de worl' wid de supersonic jetliner, an' Hugh Hefner gonna be rippin' de hair out by de han'ful, he only got de subsonic Big Bunny wot consistin' o' de clapped-out DC-9 wid a few swivel chairs an' a coupla topless waitresses wid fake ears an' a powder-puff on de bum. Wot he gonna feel like when he gittin' overtaken at 2000 mph by de elegant Big Idi an' all his olives leapin' out o' de martinis f'om de slipstream?

Big Idi gonna be painted all over in de dark black, lot more suitable than de sim'lar coachwork on de Big Bunny when you thinkin' about it, an' it gonna have a big eye on each side o' de nose, an' it gonna have de medals painted down de sides, an' it gonna have four gole beds an' a sauna an' all de standard stuff. Plus, it gonna have a dungeon where we plannin' to take people fo' de little rides, such as brudders-in-law etcetera wot gettin' too damn big fo' de boots, memmers o' de judiciary wot bringin' in de wrong verdicts, any political opponents still temporarily on de lam, all dat rubbish; gonna slap 'em in de Big Idi basement, take 'em up to fifty thousand feet, gonna come on de loudspeaker, an' say: "Good morning, dis de President speakin', at present we flyin' at fifty thousand feet at a speed o' fifteen hunnerd em pee aitch, on yo' left you kin see de Great Mbobo Swamp, so git out!"

It jus' de swingin' o' de pendulum, is all. People gonna be standin' aroun' on de Hyde Park Corner wid de emaciated bones pokin' out o' de rags an' lookin' up in de sky an' cryin': "Wot dat big black bird?" an' someone else gonna reply: "Dat comin' f'om de Great Black Father across de water, so shut yo' gob if you doan want a memmer o' de Uganda Supreme Court droppin' on yo' iggerant native bonce!"

It called history, in de trade.

March 27

A DEEP PUSSONAL TRAGEDY

WELL, A LOTTA de dust settlin', not to mention de earf, an' it time fo' me to answer all de loyal fans wot bin writin' in sayin' "When we gittin' de low-down on de fearful coo?"

Well, natcherly, de entire worl' press gittin' it wrong, jus' de way they gittin' everything wrong about Uganda, everyone lookin' fo' a coo on account of it unbearable seein' a hummle soldier turnin' Central Africa into de Utopian paradise, everyone hopin' I gittin' de chop an' provin' de filthy inwendo o' de past three years.

De whole thing startin' aroun' eleven pee em on de night o' Saturday, March 23, at de Malire Barracks, scene o' de famous historical occasion in 1971 when de disgustin' Milton Obote gittin' dragged in by de ear an' democratically voted out o' office by me, wid de result dat a noo era o' progress an' enlightenment gittin' ushered in etcetera. Dis coincidence callin' to mind de great days o' de Third Reich when de amazin' Adolf Hitler makin' de weedy Frogs eat dirt in de Versailles rollin' stock, which is no doubt why de Fleet Street hacks all runnin' aroun' an' shoutin' "Coo!"

In fac', de whole thing a pussonal tragedy, also goin' to show dat de faith o' de loyal subberjecks in Uganda never bin stronger, all sorts o' people queuin' up to lay down de life in de great cause. Fust I hear o' de sitwation is where I gittin' a phone call f'om a pussonal frien' at de barracks, informin' me dat de beloved Brig. Charles Arube bin down de QM stores wid a reques' fo' a box o' .45 ammunition. Dis alone not a cause fo' concern, o' course; it jus' possible Charles findin' a runaway judge out de back o' de gym, or havin' to do a bit o' de interrogatin' o' Asian prisoners, dat sort o' thing. But when dis frien' tellin' me he heard where de Brig. bin makin' wills, seein' lawyers, givin' away de shrunk head collection, an' sim'lar, it occurrin' to me dat Charles havin' some kine o' pussonal problems.

In consequence, I poppin' into de nearest vehicle, wot jus' happenin' to be de famous Chieftain tank, an' I settin' off fo' Malire in de top gear. Lotta other tanks followin' me by mistake, on account o' everyone figurin' it some kine o' initiative test. Anyway, I pullin' up outside de quarters o' de dear Brig., an' I bustin' into de room, an' wot I see but Charles wid de han'tooled Webberley in de mouf!

"Wot you doin' you mad bugger?" I cryin' out.

"I endin' it all!" shoutin' Arube. "I bin havin' it away wid dat big bird up de Entebbe NAAFI. Wot kind o' behaviour you callin' dat fo' a leader o' men?"

"It jus' a human weakness, darlin' Charles!" I yellin', "I forgivin' you on de spot."

But too late! Befo' I able to stop him, dis close pussonal frien' shootin' hisself in de mouf six times!

An' believin' a coo to be under way, de fanatically loyal followers o' de Brig. rushin' out on de road towards Kampala to save de beloved President f'om whoever doin' all de shootin'. When de equally loyal tank crews see all dese people runnin' about wavin' de ordnance, dey natcherly openin' up wid all available armament.

It takin' five days to sort out de confusion, durin' which time de entire garrison o' Malire gittin' accidentally wiped out, also buried quick on account o' de flies etcetera. De great tragedy is no-one bein' lef' to tell de tale; one or two o' de wounded proppin' themselves up when they see me comin', but befo' they able to speak, de accidental ricochets whangin' off of de trees an' blowin' de backs o' de bonces out.

We gonna institute a day o' National Mournin' fo' de tragedy, soon as de accidental shootin' easin' up a bit.

April 3

FINDIN' DE LADY

LOTTA DAMN tasteless comments gittin' passed in de worl' press about de bootin' out o' de three wives wot turnin' out to be surplus to requirements, includin' where some so-called commentators feelin' de cummerbund upon 'em to make remarks concernin' bungin' one o' said ladies in chokey. Dis constitutin' de gross invasion o' de matter-imonial privacy, wot de hell business o' de Fleet Street hacks is it, pokin' de conk in de internal affairs o' de Amin househole?

No-one botherin' to do de deeper probin' into de matter, wot touchin' on de finer points o' de entire human pussonality, also love, romance, de immortal sole, etcetera etcetera. It all right fo' dis Gatsby pusson to go about moonin' fo' de unattainable love, on account of he white, an' de whole worl' walkin' about blowin' de conk on de cuff an' weepin' fo' de human tragedy of it all, poor ole Gatsby never gittin' de bird in de las' reel! Wot about de Great Idi, he losin' three times on de trot, an' de fourth one not much cop, either, only keepin' her aroun' on account o' de socks pilin' up otherwise? It all right fo' de non-Muslims, anythin' goin' wrong wid de big romance, they only got one bit o' slingin' to do, nobody realisin' de carryin' on up de Presidential Palace wid de three loonie wimmen shriekin' de place down when de marchin' orders comin', tearin' out de hair, chuckin' de tasteful furnishin' about. Also de terrible fightin' about whose towels is whose, who entitled to de gole neckerlace, who gittin' de keys to de minivan, an' wot constitutin' a fixture or a fittin' under de terms o' de assorted leases. Dat de main reason for bungin' one of 'em in Makindye clink, it shuttin' de other two up damn quick.

Also de twelve kids runnin' about de place, wot kine o' sitwation dat fo' a top international dipperlomat an' leader?

Anyway, wot de groanin' about? De three wimmen havin' a damn good time fo' a few years, wot they expectin' now de teeth startin' to go an' de superstructure saggin'? How it lookin' fo' a leadin' political figure turnin' up at de full-dress dos wid de whole worl' lookin' on when all I got to show is a quartet o' beat-up items wid de wig over one eye an' de false choppers rattlin' in de bonce like de dried peas in a cocoa tin? Dat wot I meanin' about people not botherin' lookin' deeper into de affair an' attemptin' to unnerstand wot lyin' at de bottom.

Also, I doin' it all fo' Uganda, de way I doin' everythin' else. Now we got de three vacancies up fo' grabs, I in a position to start off on de strategic marryin' as seen on de TV wid de top historic famblies; soon as a empire lookin' a bit shaky, fust thing de dipperlomats doin' is huntin' aroun' fo' a few marriage candidates to fix de young prince up wid so's de annexin' takin' place widout all de expense o' gittin' de army out an' draggin' de val'able cannon all over de shop. 'Course, you always got de problem o' windin' up wid de Goldberg lip an' de homophilia an' sim'lar, but dat de price you gotta pay when you hittin' de big-time an' strugglin' to keep de worl' under de thum.

I bin givin' a lotta thought to de noo replacements, an' bein' in a position to spread de load, in a manner o' speakin', it a bit easier to come up wid de possibilities. De average Hohenzollern havin' to look fo' diggernity, plus loot, plus connections, plus chile-bearin' qualifications, all in de same bint, not to mention where she gotta look good in de low-cut item an' capable o' doin' de gavotte an' sim'lar. Me, I gonna split it up. De short list currently down to Lady Churchill, Barbara Hutton, Indira Ghandi, de Queen Mother, Irena Kosygin (she only twelve, but comin' on damn fast), Ethel Kennedy, Missus de Gaulle, an' de famous Marjorie Wallace.

Still, de runnin' still wide open, so if anyone got any ideas about de position, fill in de coupon in de *Kampala Bugle,* or jus' bang in a envelope to de pop'lar *Punch,* includin' bank statement, recent photo, an' completin' de slogan "I want to be Missus Amin on account of . . ." in not more than ten easy words.

April 24

UP FO' GRABS

WOT DE HELL happenin' to de worl', also de civilisation? Ev'ry time you openin' a paper, ev'ry time you switchin' on de tee vee an' de radio, all you hearin' about is de bribery an' de corruption, ev'rybody in de high place, all de political nobs etcetera doin' nothin' except runnin' f'om de premises o' dis developer or dat businessman foldin' de used fivers an' stuffin' 'em in de hat. Or drivin' away in de shiny noo Bentley or sim'lar an' makin' fo' de airport an' de fortnight in de glorious Wes' Indies all expenses paid, not to mention bookin' into de famous Zurich Hilton under de synonym o' Mr. an' Mrs. 0879655, Purpose o' Visit: Comin' To Look At De Stuff Stashed Away Up De Bank.

De whole thing shameful an' disgustin' an' damn typical o' de way de worl' treatin' de emergent countries! Wot I puttin' to de Poulsons an' de Cunninghams an' de C. Aubrey Smiths an' sim'lar is: *Wot de hell wrong wid Uganda, hub o' de universe?* We got de biggest damn site in Africa, a hunnerd thousand square miles o' building lot an' nothin' on it over about eight foot tall, wid de exceppertion o' de Presidential palace an' a coupla gumment buildings, an' they lookin' a bit seedy dese days, wot wid de .303 holes in de lovely stucco an' de bloodstains muckin' up de car-park. We in desperate need o' de skyscrapin' swimmin' barfs, de mighty libraries an' de jumbo municipal khazis, also de tower blocks an' de trendy museums wid de giant Henry Fink conversation pieces nailed up over de portico in de tasteful bronze an' so forth.

So where all de top corrupters? Where all de people in de flat caps an' de clogs jettin' in f'om de UK an' fightin' fo' de interview wid yours truly an' sayin' "Wot you in de desperate need of, Mr. President VC, is de multi-storey car-park in de two-tone lilac wid de gole fittin's an' de heliport on top an' de smart execkertive urinal nex' door, gonna run out at about four million large ones, an' by de way, heah's fifty grand fo' your good self?" Where all de fust division architects turnin' up at Entebbe Airport wid de rolls o' blueprints fo' de noo flyovers an' de underpasses an' de two free tickets fo' Tahiti slipped across de desk in de plain manila envelope tied up wid de Rolex Platinum Oyster Chronometer wot also givin' you de high tide at Lunnon Bridge an' de exchange rates fo' de yen wot bin deposited to yo' name in de Fuji Bank?

Where all de diamond pennerdants fo' de wife, an' de lifetime supply o' cod fo' de moggy, an' de sets o' monogrammed underwear? Where de introductions to de ravishin' Miss Turkey wid de incredible knockers an' de bum you can stand a ashtray on, wot simply dyin' to grab a rendezvoo wid de man wot havin' de foresight to persuade his treasury dat de one thing Kampala needin' is a Eiffel Tower wid a Taj Mahal on de top?

Not to mention where I quickly shovin' de stuff under de blotter an' callin' de press in to make de eloquent statement about havin' nuffin' to do wid de disgustin' tide o' filth wot sweepin' de country an' promisin' to pluck it out wid de root an' de branch, an' emergin' as a pusson o' even greater stature, promisin' to look into de whole revoltin' business myself, on account o' everyone else damn unreliable an' de nation puttin' its truss on me, an' I gonna show where I worthy o' de great honour.

Only wot chance I got to grab de loot an' de plaudits now, wid all de top contacts gittin' slung in de chokey? Five years a damn long time to hang on befo' they gittin' back into de circulation. All I hopin' fo' is dat de Royal Commission gittin' de finger out an' startin' namin' de names. How else black Africa gonna drag itself into de twentieth cent'ry?

May 8

DE SPIRIT WILLIN' AN' DE FLESH STRONG

DE DIPPERLOMATIC WORL' bin' buzzin' wid rumours ever since de famous occasion a fortnight back when I droppin' in on de Actin' High Commissioner Jim Hennessey an' nippin' into his swimmin' pool fo' a bit o' smart floatin' an' a informal chat.

"Wot noo major breakthrough dis fascinatin' bugger got up de sleeve dis time?" is de question wot flyin' about de fashionable dinner tables f'om Washington to Smif Square as de big guns o' de dipperlomatic game passin' de

Wincarnis an' guzzlin' de wafer-thin mints while de ladies takin' a quick leak upstairs. "Can dis be de fust sign o' thawin' in de Uganda-Worl' relations wot we all bin prayin' fo'?"

Hum, well, wot I sayin' is you got to chuck a sprat to catch a mackintosh in dis business. It all a question o' who gittin' de upper hand wid de sycology, an' as a devoted follower o' Freud, I here to tell you de stuff workin', not to mention where dis Chunkymeat o' his well worth all de expensive pubberlicity, it finger-lickin' good, no-one holdin' a candle to dese Austrians when it comin' to de gourmet business. Anyhow, it damn clear I stealin' a march on de proceedin's up de Hennessey house, everyone standin' aroun' in de wing-collars wid de sweat runnin' onto de little cucumber sandwiches, an' all de dipperlomatic wives pluckin' discreetly at de corsets, an' all de Permanent Seckertaries tryin' to put de brave face on things, an' goin': "Har, har, har, wot a spiffin' jam tea, Miz Hennessey, it a trifle chilly fo' de time o' year, though, wot, har, har har, gorblimey" an' all de time de President o' de Repubberlick floatin' aroun' on his back like de amazin' S.T. Williams, wid all de top white wimmen not knowin' where to look.

An' all de worl' wonderin': Wot he tryin' to tell us? Wot masterful coo he pullin' now? Wot dis amazin' devil hintin' at?

An' all de time it under de very conk! Trouble is wid de sophisserticated white rubbish, they too damn clever by half, always lookin' fo' de devious stuff when it all clear an' simple. You no doubt saw de splendid photos in de *Daily Mail* etcetera, showin' de maggernificient physique, de gigantic biceps, de tits like iron, you also no doubt readin' in de *Telegraph* about de daily Presidential runnin' roun' de track, not to mention de Cabinet basket-ball team wot I captainin' to vict'ry on a reg'lar basis. Wot de worl' now lookin' at is a man at de peak o' de physical fitness, also wid de wide experience o' de natural leadership, also wid de staggerin' capacity fo' de strategy an' de tactics—also, an' heah de crunch—wid de famous direct line to de Almighty God wot he reg'ly natterin' to. Now I spellin' it out, wot it all pointin' to?

Yes, worl', you bin lookin' at de one natural successor to de famous Lord Alf Ramsey, Archbishop o' Canonbury an' manager o' de England footer team! No wonder de footer an' de Christianity bofe goin' off lately, it takin' a superman to handle de two top jobs, an' it not surprisin' where de country now lookin' fo' a noo Archbishop *and* a noo manager, everyone realisin' it gonna need two men f'om now on. But dey reckonin' widout de staggerin' Amin, de one man capable o' carryin' on de great tradition! Mornin's, I gonna be de fust Muslim Archbishop, standin' up there on de terrace o' Wesserminster Abbey callin' de faithful through de megaphone, afternoon's I gonna be down de Wemmerley footer stadium puttin' de squad through de unarmed combat an' stickin' de bayonets in de Cruyff dummy an' givin' de informed illustrated lectures on de groin.

All very well bein' Pres o' Uganda fo' de time bein', but de 1978 Worl' Cup loomin', an' I got de permanent career to think of.

May 15

MY COUNTRY NEEDS *YOU!*

DE ARMY DWINDLIN' to de vanishin' point.

De whole worl' knowin' I never one to do de spreadin' o' de disgustin' alarm an' despondency, but it no point beatin' about wid de brush when de chips down: de whole obberjeck o' dis week's column, apart f'om de reg'lar purpose o' addin' to de livin' treasury o' worl' literature, is to git in quick wid a bit o' de smart recruitin', especially wid de school leavin' period comin' up an' a lotta young Brits appearin' on de market.

De Uganda army epidemic reachin' de tragic proportions. Ever since de upsettin' business o' de March shootin' incident when a large nummer o' top officers gittin' wiped out due to a small misunderstandin', de remainder o' de Gen'l Staff dyin' like flies. Every time you openin' a paper, you readin' where a few more majors gittin' found dead in de burned-out cars, or a coupla colonels bin cleanin' de pussonal Webberleys wot suddenly goin' off widout warnin' an' shootin' 'em in de back, or a brigadier bin strollin' in de backyard feedin' de chickens when a bom suddenly droppin' on him out o' de blue, it damn lucky I never bin superstitious, dese fantastic coincidences takin' on de proportions o' de fearful Black Def, de well-known plague wot grippin' Uganda in de wake o' de departin' Obote.

Worst of all is where we only losin' officers. Ten top men gittin' accidentally rubbed out las' week at Entebbe Air Force barracks alone, an' as fo' de crack Masindi Artillery Regiment, noted fo' de remarkable an' heartwarmin' interest its officers takin' in de political affairs, it currently consistin' entirely o' Gunner Mbobo who dam good when it jus' a matter o' polishin' de shells an' milkin' de regimental goat but who leavin' a lot to be desired when it comin' to layin' down a barrage on account partly o' bein' unable to read de handbook, an' partly o' believin' dat any big bang showin' dat de gods gittin' angry an' he gotta go out an' start lookin' in de chicken guts fo' advice on wot to do nex'. Sim'ly, wid de problems up at Jinja garrison where de Tank Regiment hangin' out an' where Lt. Col. Maliyamungu lookin' as tho' he gonna be havin' a tragic unforseen accident any minute now, de whole armoured might o' Uganda soon gonna be in de hands o' de private troopers, an' anyone wot seen 'em tryin' to rememmer which hand they holdin' de fork in so as to work out de difference between lef' an' right not gonna have too many illusions about de lightnin' blitzkrieg capacity o' de Uganda panzer corps.

So wot we lookin' fo' at dis junction is a entire noo officer elite. An' it no good lookin' in Uganda, neither; every time we sendin' de truck out wid de meggerphone an' de leaflets etcetera, de streets emptyin' in two seconds flat, no-one feelin' like makin' a career as a reg'lar officer until de epidemic passin', it no good tellin' people about how it possible to rise to de top in double-quick time when de papers full o' de fac' about wot you likely to rise to de top of is Lake Victoria. However, none o' dis applyin' to any Brits wot feel like makin' de fust-class career, it pretty obvious dey not likely to git in de kine o' sitwations where de unexpected holes start appearin', dey jus' in it fo' de top pay an' de water-ski-in' opportunities etcetera, an' I holdin' out great hopes o' a massive response to dis appeal.

An' everyone knowin' about de great respeck I got fo' de British officer. Not to mention where you can see 'em in de dark; which, when you de President o' Uganda, is a item wot comin' pretty dam high on de list o' priorities.

June 5

DE IRISH QUESTION

STILL NO OVERWHELMIN' response f'om de British gumment in answer to de amazin' free offer o' mediatin' in Northern Ireland!

It dam clear to me where de disgustin' Wilson puttin' self befo' country, which is de kine o' trap de small minds reg'ly fallin' into. Wilson figurin' if he not sortin' out de Ireland Question, no-one else gittin' a crack at de title: Wilson got de big dream o' cryin' de mirac'lous "Shazam!" an' appearin' out o' de blue in de gole helicopter an' everyone layin' down de arms an' yellin': "It de noo Messiah turnin' up at las', git de bes' crockery out!" an' all de Roman Candles an' de Prostitants finally forgettin' de traditional differences an' sayin': "Well, it all one God, really, when you gittin' down to de brass tacks, an' here he are, never noo he smokin' de famous Navy Shag, you livin' an' learnin'."

Fat chance, is de considered opinion o' I. Amin! De mad Wilson livin' in a fantasy worl', it emergin' where he comin' on like de notorious Ludwig Two o' Bavaria, possibly on account o' takin' de advice o' Marcia, Duchess o' Williams, she rapidly turnin' out to be de Brit answer to Rasputin de Mad Monkey. It de sort o' thing wot happenin' when a great empire goin' up de spout, de assorted loonies emergin' f'om de woodwork, it known as decadence in de trade; all o' which pointin' to de fac' dat de time ripe fo' a bit o' de smart intervenin' on de part o' a known miracle worker.

De way I seein' it, de whole Ulster Problem a piece o' cake, if you botherin' to take de gran' worl' view an' de mighty scope, an' steppin' back wid de sort o' perspecker-tive it possible to git f'om downtown Kampala, hub o' de universe. Fust off, you got to take out de Candle minority an' bung 'em on de Golan Heights, pointin' out where de weather dam good up there etcetera, unlike Londonderry where it pissin' down all de time, not to mention de buses gittin' burned down. Dis way, de IBA an' de Professionals able to satisfy de blood-lust wid whangin' away at bofe sides, an' wid de Israelis an' de Syrians havin' de hands full on account o' de Irish wanderin' about wid de tickin' parcels, you got de Middle Eas' sorted out widout de giant expense o' de UN Swedes. Natcherly, dis not solvin' de Palestinian Refugee problem, so we pullin' out de tent-pegs an' shippin' de Palestinians to Ulster, where everyone stoppin' worryin' about de Israeli jets zoomin' in an' blattin' 'em wid de rockets an' de cannon and so forth. Ah, I hear you cryin' (on account o' you lackin' de foresight an' de amazin' grasp o' worl' affairs), but wot about de Prostitants, how they feelin' wid all dese dark wogs wanderin' up an' down de Falls Road an' sim'lar? De fac' is, de Palestinians not representin' no threat to de Prostitants, on account o' bein' Muslims an' unlikely to fancy unity wid Eire, dam happy jus' havin' a roof over de head, also offerin' de big chance to de famous Rev. Ian Pastry (formerly Richard Hearne) on account of he suddenly gittin' a whole mess o' benighted heathens ripe fo' de smart convertin' to Prostitantism, pretty soon he gonna have 'em marchin' up an' down wid de orange scarfs on an' yellin' about rememmerin' de Boyne, it a whole lotta fun bein' a Palestinian in Ulster, an' no mistake!

'Course, I ain't sayin' it de ideal solution, but speakin' as a ex-Brit Army Man, I dam sure it goin' down a treat wid de forces; an' anyway, who offerin' anythin' better?

June 12

DE INNERTERNATIONAL CONSPIRACY

WELL, NOW DE fat out o' de bag an' into de fryin' pan, an' no mistake! De entire worl' still hummin' f'om de disgustin' bogus report o' de International Commission o' Jurists wot bin meetin' in de famous Geneva wid de sole purpose o' cobblin' together a whole pack o' lies about Uganda, hub o' de universe, an' de one man capable o' leadin' it into de broad Sunday uplands.

Normally, I not deignin' to reply to de critics, preferrin' merely to ignore de uninformed adverse comments wid de diggernified silence becomin' a Fust Division leader, an' git de State Research Department to go round in de Peugeot an' loose off a few accidental dum-dums; but on dis occasion, de slanderin' buggers is all holed up in Geneva, no doubt scoffin' de expensive Toblerone an' watchin' de cuckoos poppin' in an' out, an' de only course open is a cool an' reasoned rebuttal an' a reminder to de effeck dat come Chrissermus time, it gonna be a damn good idea to stick all parcels in a bucket o' water fust.

Takin' de obberjections one by one, dis Commission pointin' out where "somewhere between 25,000 and 250,000 Ugandans" bin massacred since de glorious January 1971 when I takin' over de reigns. Hum! Wot kine o' calculatin' you callin' that? Is dis de accracy we lookin' fo' in a so-called top document? Anyone goin' to believe de res' o' de rubbish after a start o' dis order? An' seein' where de real figure consid'ably higher than 250,000, anyhow, wot dis ridiculous guesswork constitutin' but a slur on de professional conduct an' defamation o' de character o' de President? Quarter of a million not even puttin' you in de Adolf Hitler class.

Nex' page statin' where I systematically wipin' out de intelligentsia. Dis de mos' preposterous argument I ever heard, on account of if they so damn smart, wot they doin' dead?

After that, we comin' to all de rubbish about killin' de judges an' sim'lar. It damn clear where dis a bit o' special pleadin' f'om de biased Jurists, jus' defendin' memmers o' de trade, widout examinin' de facs, also reckonin' where a judge got de right to set hisself up as some kine o' almighty power, tellin' a President his business. Reason we employin' judges is when de State Research Unit draggin' de guilty in off of de streets, we need someone to stick de black cap on an' git 'em hung quick. Dat wot de job entailin', nobody askin' 'em to sit up on de bench an' start runnin' off at de mouf about de habeous corpses, not to mention lettin' people go after de gumment gone to all de trouble o' gittin' de jeep out an' findin' de han'cuffs an' drivin' about lookin' fo' de guilty. A few rotten judges all you needin' to bring de whole legal system into de disrepute, it a Presidential responsibility to weed 'em out an' git 'em to commit suicide.

Which bringin' me to de whole suicide bit. It sayin' in de report where a lotta suicides "in dispute", such as Brigadier Arube who committin' suicide wid a coupla shots in de stomach, an' dese Jurists remarkin' where it a damn tricky thing to do. *Who sayin' Arube actually pullin' de trigger?* De suicide startin' when Arube start complainin' about de President etcetera, it don't matter a damn how it finishin' off! Walkin' about sayin' we gotta rub out de beloved Pres an' so forth, what dat if it ain't suicide?

As fo' dis so-called mass expullersion o' de beloved Asian brothers, which they runnin' on about fo' page after page, wot dis but another example o' de barmy inconsistency? Dese Asian brothers gittin' de special top treatment over an' above de ordinary native Ugandan, an' wot fairer than dat? Considerin' de chance o' gittin' suicided if they stayin' aroun', dis exodus constitootin' a act o' gummental salvation unprecedented in de annuals o' history!

De amazin' thing is dat de home o' cheese an' de famous circular jam roll not realisin' how it impossible to make a omblette widout breaking legs. Still, dat typical o' de Swiss, playin' de bofe ends off against de middle. Never hear 'em shoutin' about de disgustin' habit o' Afferican leaders openin' de nummered bank accounts!

June 19

DE FILLUM DEBOO

WELL, LAS' THURSDAY spellin' de end of an earhole, an' no mistake! Fo' thirty years, television bin gittin' along wid de second-rate an' de left-overs; it bin de poor cousin o' de cinema an' de theatre, it pumpin' out de mineless rubbish fo' de gogglin' worl', never givin' 'em nuffin' to git de brain into, never chuckin' up de super-stars such as de Buster Garbo an' sim'lar, it jus' churnin' out de same ole cods wallop day an' night.

An' suddenly, de tee vee comin' of age! I flickin' on

de box las' Thursday, expectin' to see episode ninety-six o' de Bannisters or de seleckerted shorts where de family tuckin' into de dream toppin' an' de Oxo cubes or de loony wot stickin' de maggernets all over de map in de hope o' magickin' de rain out (de man a fool, any chile know you gotta rattle de lizard bones fust), an' wot meetin' dis reviewer's ole eyes but de sight o' de amazin' beloved Pres o' Uganda fillin' de screen wid de over-powerin' pussonality an' de shimmerin' teef, an' ev'ry time he openin' de mouf, de jokes an' de wit an' de wisserdom rushin' out like de guts of a trod-on frog! Wot a towerin' star de man are! We seein' him talkin' wid de ellerphants, we seein' him in a wide assortment o' famous uniforms an' de rakish berry atop de gleamin' bonce, wot a treat we gittin' fo' eye an' ear an' brain!

Who able to pick out de bes' bits when ev'ry shot openin' de noo vistas o' style an' charm an' originality? 'Course, ev'ryone havin' his pussonal favourites, such as de moment when de star tellin' de Cabinet meetin' dat de fust responsibility is de undyin' devotion to de leader, an' intimatin' wid de suttle dipperlomacy o' de political master he are dat de only alternative they gittin' is de dyin' devotion, an' rubbin' it in wid one o' his famous looks at de Foreign Minister, wot subsequently gittin' found floatin' out o' office. An' wot about where he enterin' de swimmin' race an' stompin' on de oppersition, an' all de oppersition laughin' an' enjoyin' de joke, comin' up wid de lungs full o' water but a smile on de face, showin' where he commandin' de love of all his people? Wot a comic de man are, too! Ev'ry little joke he tellin', de people bustin' a gut laughin', when he bobbin' up an' down, all de loyal officers bobbin' up an' down, too, when he helicopterin' in out o' de blue like de noo Messiah, everybody rushin' to worship de groun' he treadin' on, not givin' a damn about de danger o' gittin' trod on by de loyal troops rushin' behind 'em!

Wot about where he discussin' de amazin' strategy fo' invadin' Israel an' comin' up de Golan Heights single-handed wid de famous Webberley an' solvin' de Middle East problem, he lookin' like Naunton Wayne at de Alamo, he lookin' like Errol de Finn, only more strappin'. No wonder he claimin' where his brain twice de size o' de disgustin' Kissinger's, how many crack suicide squads Kissinger got jumpin' off de cardboard boxes in de full kit, ready fo' Worl' War Three?

It got everythin', dis programme! It got de live action, where we seein' de pubberlic executions an' de bodies gittin' de clothes torn off of 'em, it got de movin' love interest wid de President showin' de eighteen kids an' describin' wot a good aimer he are, it got de stirrin' music wid de Pres on squeezebox, above all it got de pitcher o' de man hisself, standin' wid de head an' de shoulders above de entire res' o' de civilised worl'.

De only bad bit is where we comin' in de stoodio f'om Uganda, an' all de no-hopers sittin' aroun' in London tryin' wid de weeny brains to fathom de master, includin' dis renegade black African bugger wot not darin' to show de face an' runnin' off at de mouf wid a load o' disgustin' liables.

Never mind, we got his number, an' he gittin' writ out o' de series pretty damn quick, unless I misjudgin' de star o' de show!

June 26

DE ABBERSENT GUEST

WOT DE HELL goin' on?

Friday mornin' I tuckin' into de amazin' Sugar Puffs an' lettin' de eye roam over de disgustin' Fleet Street rubbish wot bein' sent up daily fo' de pussonal perusal o' de President befo' gittin' banned an' stuck on de khazi nail alongside de Flit gun, an' wot meetin' de eye but de staggerin' noos dat de great Idi Amin fillum openin' in London wid a gala midnight premiere pufformance! De shatterin' masterpiece goin' on show at de lovely Berkeley

Cinema in de worl' famous Tottenham Court Road, an' de management kickin' off wid dis flash occasion, an' de place packed out wid de elite nobs in de black ties an' de innertellectual cream o' de metropolis an' de famous swingin' trendy pussonalities—*an' where de hell de star o' de fillum?*

He sweatin' away in de middle o' Kampala, dat where! He shufflin' roun' de premises like de Goose in Boots wid de uggerly sisters, only wot happenin' to de Fairy Godfather? When he turnin' up an' makin' de mouses a offer they unable to refuse, such as turnin' into a execkertive jet an' whippin' de beloved Pres off to de premiere? Not showin' at all, is de short answer, an' four thousand mile away ev'ryone gobblin' de delicious Milk Tray an' puffin' on de smart Whiffs an' cheerin' in de aisles an' informin' one another dat a noo star gittin' born, an' de top fillum tycoons all fallin' to de knees an' crossin' theirselves on account of it de salvation o' de fillum industry, at las' somethin' happenin' to git people off o' de bums an' away f'om de ruinous *Coronation Street* an' sim'lar.

Well, it dam disgustin', is all I sayin' about it! When de Frog fillum people comin' to me in de fust place an' indicatin' where I gonna be de star o' dis top box-office item, I immediately calculatin' where de premiere gonna be de occasion o' de year. It gonna be in aid o' one o' de top fashionable charities, such as de revoltin' Asian refugees or sim'lar, an' it gonna contain de ravishin' Princess Margaret an' de pop'lar Lord Snowcem, an' de flashin' diamonds an' de rabbit capes gonna knock de eyes out, not to mention all de starlets wid de tits pokin' out o' de vest, includin' de amazin' Linda Bootlace wot I hopin' to meet an' offer de lead in de nex' fab'lous Amin movie now I gittin' shot o' de wailin' wives, an' after de fillum I gonna be takin' de applause an' de bunches o' red roses, an' ev'ryone shriekin' fo' de autographs an' a lock o' de mirac'lous hair, an' then we all goin' off to a cod supper at de Savoy where all de top producers grovellin' an' snivellin' an' shovin' de multi-million-dollar contracts at me, an' Rolls-Royce sendin' roun' de gole Corniche convertible wid de milligram on de door, free gratis an' fo' nothin', an' nex' day we launchin' de book o' de fillum, an' de El Pee o' de soun' track, an' de five-figger pussonal appearances, an' a whole range o' Idi Amin Natty Gents Wear wot takin' de worl' by storm an' ev'ryone chuckin' de Gatsby rubbish in de bin an' goin' about in de Fiel' Marshal kit an' de Cherry Blossom all over de face, Kings Road lookin' like Eddie Cantor's weddin'.

An' now it too late. De red carpet bin rolled up, de cinema bin swep' out, de captains an' de kings departin'. Nothin' to do now but go back to de munnerdane routine o' bashin' de heads in an' hangin' de Army an' pullin' de goolies off o' de oppersition.

O well, dat show bizness.

July 3

DE UNDERCOVER MEN

LOTTA RUBBISH gonna be eatin' de words dis week! Lotta lib'ral do-gooders an' sim'lar trash gonna be walkin' about in de sackclof an' de ashes an' muttrin' "Hum! Dam sight more to dis Pres Amin dan meetin' de eye! It possible he a rippin' chap, after all! Wot de hell gonna happen to de fifty-four books we writin' entitled *Black Shadow Over Afferica* an' *Afferica At De Crossroads* an' so forth?" Also gonna be a shock fo' de revoltin' wogbashers who only readin' dis matchless prose fo' de chance to go "Har, har,

har! Wot Citizen Coon up to dis week?"

Wot, I hear de uninformed mumblin', are de maestro o' de written word rabbitin' on about? Well, it obvious where some o' you not bin keepin' up wid de Central Afferican affairs lately, on account o' de worl' press hummin' over de Special Commission o' Enquiry I settin' up on de fateful July One, wid de sole obberjeck o' investigatin' wot happenin' to de Ugandans wot bin vanishin' off de face o' de mat lately.

So nobody able to say we not puttin' de house in order at las'! Mind you, a lotta snide journalists claimin' we gittin' de brows beaten into dis by de International Jurists Report etcetera, but wot dis but de familiar cods wallop? It clear to anyone wid a ear to de groun' dat dis Commission springin' f'om de big heart o' de President hisself, also de love o' de fair play an' de democracy.

Dat why we adjournin' de Commission on de fateful July Two, as noted in de famous *Daily Mail* an' elsewhere. De Commission, consistin' o' four o' de trusted aides, turnin' up at de Gumment House as I forkin' down de Shreddies, an' I noticin' they alone. "Wot de hell you muckin' about at?" I enquirin'. "A whole twenny-four hours passin', I expectin' to see you wid a few guilty corpses, possibly a half doz o' de assorted confessions wid de ears nailed to 'em fo' identification purposes, even a few o' de buggers in de chains an' carryin' de big iron balls! Wot kine o' Special Commission you callin' yourselves?"

Dey all shufflin' a bit at dis an' pickin' de flecks o' cereal off de suitin' an' not knowin' where to put de faces. Finally, de leader murmurin': "It dam hard collectin' de evidence, Yo' Highness, people see us comin', fust thing you know they pissin' off."

"Don' gimme none o' dis legal jargon!" I yellin' at 'em.

"You not catchin' me out wid de smart courtroom stuff! Who de hell tellin' you to go sniffin' roun' fo' evidence? Wot we after is de guilty! Lotta worl' opinion tryin' to hold me responsible fo' de rubbin' out, an' wot we lookin' fo' is a few cullerprits. Trouble wid evidence, lotta people sayin' one thing, de res' sayin' somethin' entirely different. All you endin' up wid is a load o' confusion an' a lotta readin' matter in de vanilla folders. Also spendin' a bom, an' it possibly escapin' yo' eagle-eye notice where de famous Maserati desperate fo' noo wings an' bumpers, also leakin' de expensive oil like a colander, it not surprisin' de Wop economy up de spout, buildin' de kine o' rubbish wot not even able to drive down de steps to de Presidential garage widout de nuts an' bolts fallin' out!"

De Special Commission clearin' off after dis.

Nobody seein' 'em about recently, either.

It growin' clear to me where I havin to set up a Special Commission on de whereabouts o' de Las' Presidential Commission. After all, Uganda a big country. It dam easy to lose people altogether.

July 10

AGAINST DE PRICKS

I NOT NORMALLY in de habit o' replyin' to de critics, on account of it beneaf de diggernity o' us top creative talents to descend to de low level o' de oppersition wot racked wid de jealousy over de mighty paperback sales an' de reg'lar spot in de worl's top magazine an' de face fillin' de fillum screens, an' wen you scratchin' aroun' fo' a few bob in de reviewin' slots an' de late-nite mumblin' on Radio Rockall an' sim'lar, you in enough trouble widout havin' de Peugeot pullin' up outside de bed-sittin' premises an' de nine-millimetre items whangin' off de dado an' drillin' holes in de tee vee dinner.

However, since de recent amazin' success, a noo note bin creepin' into de arguments o' de embittered hacks, an' it about time I settin' de record straight an' puttin' 'em on de right track, on account o' de fac' dat posterity gonna be wonderin' how so many reviewers gittin' de whole thing cocked up, wen de truth standin' out plain as a nose on a pikestaff. De gist o' de wave o' recent comments on dis column, de staggerin' bes' sellin' book, an' de wonderful heartwarmin' fillum fo' all de fambly, is dat it turnin' Idi Amin into some kine o' joke, wen de President o' Uganda clearly someone de worl' gotta take seriously.

Wot beatin' me is how de hell all de so-called critics reckonin' de obberjeck o' dis column to make people laugh! De whole point o' me doin' it in de fust place, as I explainin' at de time, bein' to show de worl' de true stature o' Idi Amin, to give de worl' a fust-hand look at de man wot runnin' Uganda, to put across de true impression o' de nature an' de pussonality an' de character o' a man wot claimin' to be a modern worl' figger an' dipperlomatic giant, an' no-one readin' de Colleckerted Bulletins or seein' de fillum remainin' in any doubt as to de nature o' de man behine de mask. He a collosus! He sophisserticated, articulated, warm, gentle, honest, fair, brave, democratic, an' wise, an' no-one readin' de weekly words in any doubt at all as to de real qualities o' de Pres.

Dat wot de column for.

People who claimin' it turnin' dis great international statesman into a figger o' ridicule obviously incapable o' understandin' anythin'. Might as well say de warm an' wonderful dramatisation o' Adolf Hitler in *De Great Dictator* turnin' de amazin' leader o' de German people into some kine o' joke. Might as well attack Charlie Chaliapin fo' reducin' Hitler to a farce obberjeck by showin' him runnin' up de curtain an' dancin' wid de globe an' stuffin' de carpet in his mouf, wen wot Chaliapin doin' is showin' de amazin' versatility o' de man! Might as well attack de mirac'lous David Low fo' makin' a laughin' stock o' de great Mussolini, wen wot Low doin' is sayin': "Forget all you hearin' about Mussolini, here de great man in de true colours."

So wot I sayin' to de critics is: jus' ask yourself, at de end o' de day, whether Idi Amin emergin' f'om his great column wid de reputation as a major worl' leader enhanced, or not!

July 17

COMIN' IN F'OM DE HEAT

WELL, DE DESPICABLE an' unstable Nyerere really blowin' de lid dis time! He really lettin' de prosecution mania git to him, he manifestin' all de signs o' someone wot on de brink o' windin' up in de rubber room wid de wires pokin' out de bonce an' de men in de white coats diagnosin' him through de keyhole an' yellin': "You sufferin' f'om a condition wot known in de medical trade as goin' barmy!"

I inferrin' all dis, o' course, f'om de reports comin' in over de weekend concernin' where Tanzania claimin' to pick up a lotta Uganda secret agents wot workin' fo' de overthrow o' J. Nyerere, B.A. Wot dis but a infamous liable, put out wid de obberjeck o' smearin' de Uganda people an' de beloved President?

Not only we not got a single spy, secret agent, or sim'lar, it also damn certain no Tanzanian got de wit or de skill to pick 'em up if they operatin' in Tanzania, which they ain't, and even if they were, no-one spillin' de beans. Dat de whole trick o' de espionage bizness, as shown on numerous occasions up de Entebbe Gaumont: "You on yo' own, Bond!" mutterin' de wily Em, meanin' where if de mirac'lous 007 endin' up on top o' de Matterhorn wid a stilson spanner on de goolies an' a circ'lar sore bearin' down on de neck an' de Chinese henchmen loosin' off de lazy beams at him, de one thing he not allowed to mention is where HM de Queen gonna come roun' an' fill 'em in on account o' he a top Civil Servant.

So Nyerere not winklin' nuthin' out o' yours truly, nor any o' his loyal secret agents, if he had any, which he ain't.

He jus' whistlin' in de dark. He hopin' to flush out somethin' wid de underhand trickery. Where he gittin' off, claimin' he able to spot a fust-class Ugandan agent who minglin' unobtrusively wid de Tanzanian popperlace, wearin' a copy o' de *Times* noospaper an' carryin' a rolled-up carnation? We gittin' a lotta top-class fillums comin' through Uganda, an' no-one knowin' better than me how a spy system workin', wid de undercover stuff an' de false passports an' de German uniforms you gotta wear made out o' de blankets etcetera. Be surprised how many top Uganda agents able to stroll about in de down-town Dar es Salaam in de smart SS hats an' de monocle gummed to de lef' eyelid, murmurin' "Gott in Himmel!" an' sim'lar, an' nobody twiggin' de real identity.

If they wantin' to, dat is.

Or cyclin' roun' de countryside wid de strings o' onions roun' de neck an' de wax moustaches an' de black berries on de bonce an' goin' on about de plume o' de tante, an' gen'lly blendin' wid de landscape.

So when de revoltin' Nyerere maintainin' he pickin' up Uganda agents, he jus' showin' wot a amazin' liar he are! He readin' too much John L. Carrot an' sim'lar.

'Course, it also damn possible he doin' a bit o' de low an' obbernoxious agents provocateur stuff, which consistin' o' stickin' one o' yo' own layabouts in de flash SS uniform an' hangin' de veg roun' de neck an' gittin' him to walk about de Mwanza Home Stores shoutin' "De grey geeses flyin' tonight!" an' then grabbin' him an' haulin' him off to de chokey an' claimin' he a Ugandan agent. Dat prob'ly de truth o' de matter, now I comin' to think of it. If you seein' any pictures o' cappertured spies, you lookin' at Tanzanians, no two ways about it.

My men got de instructions to crunch de cyanide pellet anyhow, or would have if we ever sendin' 'em to overthrow de despicable Nyerere an' set up a gumment sympathetic to de great President o' Uganda, which we ain't, on account o' not messin' in de internal affairs o' anyone else.

Maybe we ought to take a look at dese cyanide pellets. It possible they goin' mouldy, or somethin'. It possible they not workin' when we needin' 'em at some date in de future. Nuthin' worse than a cyanide pellet not workin' an' de loyal agent turnin' into a treach'rous snivellin' blabbermouf jus' on account o' some Tanzanian pig pullin' his toenails out, an' ole Nyerere gittin' us by de embarrassin' shorts an' curlies.

Anyway, I shuttin' up now. De whole trick o' de spyin' game is knowin' wen to lie low an' say nuffin'.

July 24

DE CYPRUS SOLUTION

WELL, YOU GOTTA BE quick off de mark in de international negotiatin' these days an' no mistake! You doubtless bin readin' where I offerin' de services o' de crack Uganda Commando Regiment to de unfortunate Archbishop o' Makarios after he gittin' de shove f'om de disgustin' Nicos Sampson, also where I pointin' out how we gonna be droppin' f'om de sky on de amazin' parachutes an' establishin' de beachheads an' sim'lar on account o' wantin' to keep de worl' safe fo' de democracy, also it about time some o' de smaller nations gittin' a look-in wid de peace-keepin', everyone sick an' tired o' de US grabbin' de kudos or de USSR suddenly findin' itself wid a outlet in de Med or a market fo' de Zim automobiles wid de square wheels.

Dat de kine o' spin-offs you gettin' when you steppin' in to help out wid de peace-keepin', an' everyone here in Kampala hopin' fo' de boun'less gratitude o' de Archbishop, especially wen it takin' de form o' a few crates o' de amazin' Emva Cream Sherry an' sim'lar. So we puttin' de crack units on de truck an' tellin' 'em to git de arse on de Dakota in de double-quick time, an' we gittin' a likeness drawn o' de famous Cyprus so de pilot recognisin' it f'om de air, an' we explainin' to de navigator where dis Mediterranean are wot everyone talkin' about, on account o' de las' thing anyone after is de crack regiment endin' up floatin' off de Isle o' White or puttin' de fearful mortar shells into downtown Sark; an' de truck pissin' off in a cloud o' dust, an' nex' thing anyone know, de Archbishop turnin' up in Noo York, an' de island full o' Turks.

Got de DC-3 on de runway wid de good engine tickin' over, so it obvious we gotta chuck in de lot wid de Turks, everyone sayin' de Turks gonna be moppin' up in ten mins flat, so I tellin' de colonel-in-chief o' de Commandos where de orders gittin' changed, he now fightin' de Greek army so only loose off at de ones in de skirts, an' de Dakota zoomin' off.

Git back to de Gumment House, an' wot happenin' but de cease-fire! Not only dis, but also where de Turks not havin' it their own way, an' de Greeks shapin' up pretty good. Right, I tellin' de Foreign Minister, de las' thing we after is pluggin' de Greek army, an' now we got de cease-fire an' de Archbishop out in de cold, we chuckin' in de lot wid de Greek colonels, dey comin' out o' de negotiations on top, dis Nicos Sampson gonna be de noo Pee Em.

So we gittin' de Dakota on de blower (fortunately de pitcher o' Cyprus blowin' out de window an' de pilot currently circlin' Entebbe lookin' fo' de Med), an' we divertin' 'em to Athens fo' de goodwill visit.

Dat a good day's work done, I tellin' myself, an' I jus' goin' up to de khazi fo' a quick ponder on de nex' dipper-lomatic move when I gittin' de word where de colonels all resignin', plus Nicos Sampson chuckin' in de towel! Wot de hell happenin' wid de dam worl'? I cryin' in de desperation, how we pullin' off de coo when de scenario keep changin' like a yo-yo?

So I switchin' on de Gumment trannie, an' wot meetin' de ear but de noos dat dis Karamanlis comin' in to take over Greece, plus a item entitled Glafko Clerides takin' over de Pee Emship o' Cyprus. De buggers comin' in an' out quicker than I learnin' to pronounce de dam names! Also de rumours dat de King Constantine on de way back, not to mention de possibility o' de Makarios pusson returnin' to de premises an' takin' up where he left off.

I tellin' you, it damn lucky de Dakota blowin' a gasket an' comin' down in Benghazi. Otherwise de worl' coulda had a nasty sitwation on de hands.

July 31

JOBS FO' DE BOYS

LOTTA PEOPLE findin' de difficulty in fathomin' de shrewd economic thinkin' behine de story runnin' in de *Sunday Times* an' elsewhere concernin' de latest directive I issuin' on whackin' de unemployment probberlem.

Dis de one where I tellin' de loyal popperlace dat de Gumment no longer toleratin' de unemployment, an' everyone havin' to git a reg'lar job—an' here comin' de inspired bit—BY FORCE IF NECESSARY. Dis not to say de willin' workers havin' to use de big stick as a matter o' course, such as where de sign sayin' Smart Lad Wanted you not expeckerted to grab de sign out o' de windah, shove it in de boss's mouf, an' start lickin' de stamps an' puttin' de kettle on an' sim'lar; it merely a indication o' de approach required where *no* job bein' offered, in which case you expeckerted to grab de No Vacancies sign out o' de windah, shove it in de boss's mouf, an' start lickin' de stamps an' puttin' de kettle on an' sim'lar.

It a radical noo departure in de fiel' o' de economic science, an' it comin' to me in a flash such as happenin' to de well-known Paul on de road to Mandalay. Sick an' tired o' watchin' de Uganda layabouts twiddlin' de thums an' pickin' de conk while de economy runnin' downhill an' a lotta people not knowin' where de nex' Citroen Maserati or gole bed comin' from, I spendin' de las' week-end in leafin' through a few economic textbooks wot comin' into my library followin' de unexpeckerted loppin' into bits o' a recent gradwate o' de famous LSE. Wot a load o' de ole cobblers it all are! All dis business wid de crawlin' pigs an' de variable floatin' an' de preferred dentures etcetera, not to mention de smart grafts all over de place showin' where de famous James M. Cains goin' wrong, it hardly surprisin' he gittin' a mutiny on his hands. Everybody dodgin' de central issue o' de unemployment/inflation sitwation, which is how you persuadin' de buggers to git de fingers out an' start buildin' de cheap transistors an' diggin' in de backyard fo' de mirac'lous Norf Sea Oil etcetera.

All dese top economists sittin' aroun' in de spotted bow-ties in de elegant Harvard an' Oxford an' sim'lar, an' no-one hittin' on de miracle plan where you grabbin' de lower socio-economic stratum by de ear an' draggin' 'em off to where de hammerin' an' de nailin' goin' on, plus de essential Stage Two, as we economists sayin', where they not takin' no fo' an answer wen it comin' to turnin' up fo' work. Dat de bes' way o' spreadin' de wealf through de system, dam sight better than de disgustin' welfare handouts, an' it keepin' de money in circulation widout all Cain's fiddlin' grafts. Fo' example, de local confectionary an' tobacconist down de road f'om Gumment House now got eighty-two assistants on de premises, an' everyone takin' home two bob a week reg'lar, not to mention where de customer gittin' top service, you go in fo' de four oz o' wine-gums, you gittin' 'em individually wrapped, plus two men dustin' de scurf off o' yo' shoulders an' sixty-seven people shoutin' "Hum, de weather turnin' out fine again!"

It also a dam fine way o' easin' de beloved Asian brudders into integratin' de Africans into de business. In de ole days, wen you turnin' up at de emporium o' J.D. Patel Home Stores Limited lookin' fo' a managerial position plus de amazin' luncheon vouchers, you gittin' asked fo' de O levels an' how about countin' up to ten an' sim'lar embarrassin' stuff. Wid de noo law, you jus' showin' up wid a big brick an' informin' Mr. Patel where you de noo partner an' wot about a key to de execkertive khazi?

End o' de week, Uganda gonna have nought per cent unemployment, an' attractin' de greedy foreign speckerlation by de shovelful. Also, de Amin Principle o' Economics gonna be a talkin' point wherever fust-class economists gatherin'.

An' anyone doubtin' whether it possible to take a job by force an' hold it down only gotta ask Milton Obote.

August 7

COME BACK, ALL GITTIN' FORGIVEN!

IN DE RESOUNDIN' words o' de immoral Wilfred Shakespeare, some men gittin' born great, some achievin' de greatness, an' some gittin' de greatness thrust up 'em. Be not afraid o' de greatness, de Barn o' Avon sayin', an' it a message wot we top men takin' to heart. Two years ago, when de mangle o' history fallin' on my shoulders, I entertainin' certain visions concernin' de sort o' Uganda I fancyin', not to mention actually *gittin'* certain visions, dreams, etcetera, wid God an' people o' dat kine turnin' up wid good advice an' so forth, an' it as a result o' all dis dat I encourage de beloved Asian brudders an' sisters to piss off out of it an' git back where they comin' from, i.e. Asia.

It a mark o' greatness where you not afraid to change de mind.

All o' which explainin' de sitwation you no doubt bin followin' in de *Guardian* concernin' de sendin' o' de Ugandan delegation to Pakistan to recruit doctors an' nurses etcetera, on account o' de Uganda hospitals sufferin' a serious shortage o' staff. Natcherly, de rubbishy paper gittin' it all wid de back to de front, hardly surprisin' wen you recallin' de *Guardian* invented by C.P. Scott who spendin' his entire life paintin' ducks; de truth bein' dat de hospitals doin' ten times better business durin' de noo regime, jus' another example o' de great leapin' forward. O' course, de blossomin' o' de noo opportunities fo' de advanced surgery, such as gittin' de nine-millimetre items out o' de vital organs an' sim'lar, callin' fo' a high degree o' skill, an' after de beloved Asian doctors leavin' las' year, de burden fallin' heavy on de local talent. We shovin' 'em through de medical schools dam quick, but nobody pretendin' de six munce course turnin' out any leadin' surgeons; they learnin' how to squeeze a boil an' de bes' way o' spellin' asperin an' which side o' de famous Elastoplast got de sticky on it, but after that it a matter o' de trial an' error, an' a lotta patients windin' up sewn to de table wid de liver in traction an' de head in plaster, an' dis a sauce o' consid'able grief, especially when de pusson in question only comin' in to give his granma a bunch o' grapes.

So we spreadin' de word in India an' Pakistan about de unrivalled opportunities fo' a noo life in Kampala, hub o' de Universe, wid de fabulous climate an' de friendly people an' de canteen wid de sports facilities etcetera. It another mark o' greatness where a leader prepared to be maggernanimous in victory, an' I graciously willin' to forget all de trouble de beloved Asian brudders causin' by not gittin' on de freightcars widout a argument an' tryin' to hang on to de belongins in defiance o' a Act o' Parliament an' leavin' de corpses all over de place an' gen'lly obstructin' de enlightened work o' de legal gumment at every turn. I prepared to let de bygones be de bygones, an' extend de hand o' frien'ship an' brotherhood, regardless o' de race an' de colour an' de creed, we all one fambly wen you gittin' right down to de brass tits, man born to help de fellow man, irrespeckertive o' de personal considerations. . .

Gotta wine up de bulletin now, fans. Got dis burnin' pain in de abberdoman again, gittin' worse all de time, also de embarrassin' vomitin' an' de oily sweat breakin' out on de brow. De Presidential quack jus' bin in, he reckonin' I sufferin' f'om a touch o' de Evil Eye, he prescribin' a couple o' dead newts after meals an' swingin' a cat roun' on de next full moon.

Wen de hell dis dam delegation gittin' back f'om Pakistan?

August 14

TWO, TWO, DE LILLYWHITE BOYS!

BAFFLIN', DE WEENY coverage de Fleet Street hacks givin' to yet another amazin' political breakthrough on de Uganda front! I referrin', as all readers o' de midget print down de bottom o' de inside pages o' de *Daily Telegraph* aware, to de appointment las' week o' de two Vice-Presidents o' Uganda. De *Telegraph* not mentionin' de names, on account o' I not givin' de names; half de worl' troubles startin' wid de vice-presidents o' places seein' de names in print an' gittin' a taste fo' de big time, wid de result dat befo' you mutterin' Christopher Robinson you got a bunch o' armed rubbish stormin' de Presidential palace an' bits o' de outgoin' incummerbent hangin' in de nearby trees an' turnin' de waters o' de ornamental fountain a disturbin' pink.

In fact, dat de whole probberlem wid de Vice-Presidential bit: every worl' leader needin' a Nummer Too fo' de dogsbodyin' an' de flatterin' cringin' an' fo' carryin' de can wen things goin' wrong, but every Nummer Too hopin' to be Nummer One someday, tomorrow fo' pref'rence, an' de quickest way to realisin' de burnin' ambitions is slippin' a coupla dum-dums in de amazingly acc'rate Lee Enfield an' steppin' out f'om behine a potted palm at de suitable moment. Likewise, wen a country realisin' it got a Nummer Too on de premises, it not thinkin' twice befo' givin' de notorious heave-to to de top man: it dam clear to us penetratin' political thinkers where de insiggernificant Gerald Frod representin' de final nail in de coffin o' de recent Nixon. Frod jus' hangin' aroun' in de corners o' de photos wid de big smile, waitin' his time, an' America gradually realisin' de worl' not comin' to a end if Richard Nixon gittin' de boot applied to de natty suitin'.

Well, it servin' him dam right. Wid jus' a little o' de gen'rous foresight wot God in de infinite wisserdom grantin' yo' beloved Uganda Correspondent, Nixon in a position to avoid de fearful catechism. De trick, as I showin' a few days ago, bein' to appoint *two* Vice-Preses. Dis way, nobody crouchin' in de dark corners tryin' to git off a coupla quick shots on account o' they very possibly not endin' up top man, anyhow. Could be de other fella. Also, both Veeps too dam busy watchin' one another, not to mention spendin' de bulk o' de time suckin' up to de Pres in de hope o' curryin' de delicious favour an' steppin' on de fase o' de rival Veep.

Sim'ly, de beloved an' devoted popperlace gittin' no

percentage in instigatin' a coo. Knock off de Pres, an' nex' thing you know you got de two rival factions whangin' away wid de sheek Russian imports an' a lotta bystanders windin' up in de unsightly heaps. An' how anyone gonna know which Vice-Pres to chuck de weight behine? Could be you all backin' Vice-Pres X an' wavin' de banners an' de sharp sticks an' whistlin' de spirited campaign medley, an' wot happenin' but Vice-Pres X steppin' in front of a tank bein' driven widout de due care an' attention by Vice-Pres Y, wid de upshot dat you findin' yo'self bunged in de chokey fo' de nex' eon or two, if yo' lucky, an' formin' part o' de foundations o' de stunnin' President Y Atherletics Stadium, if yo' ain't.

Wot staggerin' me is where President Frod not takin' a leaf out o' de Åmin book: de man frettin' de miniscule brains out wonderin' which o' de fifteen candidates makin' de bes' Vice-President, wen de obvious course to take is givin' de job to all of 'em.

August 21

DIPPERLOMATIC BLUNDER

WELL, NOW DE cat really out o' de dam fryin' pan! I know dis Gerald Frod a incompetent fool, as I pointin' out in las' week's amazin' an' witty argument, I know he nothin' but a talkin' suit wot America puttin' in de White House jus' to keep de place aired while they lookin' roun' fo' a noo man capable o' tyin' his own bootlaces, but I never realisin' de heights o' insultin' blindness which de man capable of!

Natcherly, you all knowin' to wot I referrin' to, which

is de appointment o' Shirley Temple as Ambassador to Ghana, especially fo' de bum Colonel I.K. Acheampong, wot callin' hisself Head o' State an' Chairman o' de National Redemption Council, which makin' de country soun' like a spot fo' cashin' in yo' Green Shiel' Stamps; an' while we on de subberjeck, wot kine o' national leader who bin in office gittin' on fo' three years still not got enough confidence in hisself to promote hisself to Gen'l? But still, de fac' remainin' dat a slur on one Black Afferican state by de dum WASP Frod constitutin' a slur on all Black Afferican states, an' bungin' Shirley Temple off as de official United States Ambassador comin' as high on de Top Ten Slurs chart as anythin' I ever comin' across.

I seen dis Shirley Temple on numerous occasions up de Entebbe Gaumont, an' I know wot I talkin' about. I almos' feelin' sorry fo' Acheampong, standin' there on de far end o' de red carpet, done up in de full regalia an' sweatin' like de rotten pork, lickin' de lips an' runnin' de welcome speech through his bonce an' expeckertin' any minute to be confrontin' some top dipperlomatic giant, an' de plane pullin' up, an' de door openin', an' wot meetin' his eye but dis six-year-ole midget tap-dancin' down de steps an' shakin' de ringerlets an' shoutin' about de animal knackers in de soup?

De whole thing about dipperlomatic circles is de tone they bringin' to de local society. Everybody knowin' dat de dipperlomatic representatives not countin' fo' nothin' on de worl' political scene these days, de negotiatin' always gittin' done at de top levels wid de red phones an' de parachutin' Kissinger an' de famous one-to-one confrontations an' sim'lar, no-one callin' up de Ambassadors fo' de briefin' any more. De Dipperlomatic Corpse jus' a means o' creatin' de goodwill via de knockin' back o' de smart dry martinis an' de big balls wid de white ties an' de caviar on little sticks an' elegant chaps strollin' on de moonlit lawns an' tryin' to git a hand down de front o' de Foreign Seckertary's wife etcetera. But wot gonna be happenin' at de smart dipperlomatic bashes in Accra? She gonna have de entire Cabinet doin' de backgroun' hummin' fo' *De Good Ship Lollipop* while she beltin' out de revoltin' solo stuff, she gonna be insistin' on dancin' wid ole Acheampong an' his staff, all of 'em three foot taller, an' wot kine o' smorl talk you gittin' off wen you got de US Ambassador's face in yo' cummerbund?

An' how de Gumment an' de tarted-up wives wid de expensive wigs an' de top business people etcetera feelin' wen de ball windin' up at nine pee em on account o' it de Ambassador's barf time? Especially after gobblin' down a dinner consistin' o' de favourite sausage, chips, an' jelly, washed down wid de impressive '74 Coke?

Pussonally, if Frod reckonin' he able to palm off de emergent nations wid all de ole Hollywood rubbish wot got nothin' to do now de fillum business up de spout, I reckonin' it time fo' a bit o' smart dipperlomatic retaliatin'.

I got half de Foreign Office out scourin' de jungles right now. Pity I not gonna git de opportunity to see Frod's face wen King Kong turnin' up at de White House an' shovin' his credentials down his frote!

August 28

YOU AN' WHOSE ARMY

HUM, IT LOOKIN' LIKE Destiny callin'. It lookin' like Dame Fortune on de blower, not to mention de Lady Luck comin' up wid de tap on de shoulder, also Fate takin' a hand.

I referrin', o' course, to de fac' dat de collapsin' Britain spawnin' de paramilitary organisations on ev'ry side wot comin' up wid de plans to save de crummlin' remains o' democracy, an' wot dis but a example o' history lookin' fo' de Right Man? An' all it gettin' at de present is de wizzened ol' retired colonels an' gen'ls in de tatty bowlers an' de arfritis in de knees sittin' aroun' in de Brit Legion halls wid de ninety-year-ol' ex-corporals an' sim'lar an' workin' out wot they havin' on de blazer badges an' wot colour they paintin' de regimental mini-van an' whose turn it bein' to write a letter to de *Daily Telegraph* an' de exac' date fo' gittin' India back, weather permittin'.

Wot kine o' coo you callin' that? Wot kine o' pop'lar support fallin' in behine a bunch o' wore-out toffs in de gardenin' trousers? Wot chance they standin' wen de Boilermakers Union start swingin' de spanners an' puttin' de fearful boot in? It all very well bein' a dab hand at sittin' in de basement underneaf de Somme an' workin' out where de nex' consignment o' turnip jam comin' from, but it not much help wen de TUC lobbin' de mortar shells into de elegant premises o' de Dorking Tennis Club.

Britain clearly in de market fo' a progressive young officer wot commandin' de respeck o' de popperlace, also a man wid de deep political wisserdom wot capable o' takin' a sophisserticated view o' de sensitivities o' de delicate sitwation: nex' time de notorious workin' to rule gittin' pulled at de Ford Motor Company, fo' example, it no good de private troops jus' rushin' in an' lashin' out wid de batons. Dis jus' invitin' trouble. Fust thing you got to do is sort out de prominent shop stewards, talk to 'em man to man, an' stick their heads up on long poles outside de factory gates. After that, you sendin' de fast jeeps roun' de local housin' estate an' burnin' it to de groun'.

Nothin' shuttin' up de lef' wing troublemakers like gittin' de fambly charred.

Natcherly, wid de threatenin' o' de breakdown o' de law an' de order, you havin' to be dam sure de judiciary takin' a firm line; de bes' way to make certain o' this is to bung de present lot in chokey, an' pass de wigs out among de reli'ble NCO's wid a card fo' 'em to learn off by heart, sayin': "GOOD MORNIN' YOU RED BUGGER I SEE YOU PLEADIN' GUILTY. DE PENALTY IS GITTIN' HUNG BY DE NECK. WHO NEX'?"

'Course, de media gotta be handled right, it no good simply droppin' napalm on de radiographers or settin' de dogs loose in de universities, it necessary to woo de popper-lace wid a bit o' de smart propaganda an' winnin' 'em over to de cause. De leader gotta turn up in de offices o' de innerfluential *Times*, fo' example, an' explain to de Editor wot line he takin' f'om now on. Natcherly, he replyin': "Piss off, nobody muckin' about wid de inner-dependence o' de press!" whereupon you pointin' out dat de big bang wot jus' knockin' his monocle into his tea comin' f'om de *Daily Telegraph*, on account o' you got a missile frigate moored off de pop'lar Tower Bridge, so how about a headline sayin': GUMBOOT DIPPERLO-MACY MAKIN' BRITAIN GREAT AGAIN!

Anyway, dat about as much as I revealin' at de present time. All I attemtin' to point out to de British people is de fac' dat de Walkers an' de Stirlings o' dis worl' jus' a bunch o' amateurs compared wid de high professional standards o' Uganda. If their supporters really wantin' de job done right, it jus' a question o' droppin' a nice note.

September 4

DE LONG GOODBY

IT DE END o' de line. Dis de final bulletin f'om Kampala. De jewel droppin' out o' de diadem o' de famous *Punch* magazine, an' f'om here on in it jus' a question o' how long de weekly colleckertion o' illit'rate rubbish able to carry on connin' de pubberlic.

I hear de moanin' an' de heartrendin' weepin' as de reg'lar subberscribers flippin' through de assorted junk: "Where de serious political comment?" they cryin', "Where de penetratin' innersights? Where de amazin' grasp o' de worl' speckertrum? Where de wisserdom an' de yumanity, not to mention de masterly spellin' o' yesteryear?"

It down de Kampala Wimpey, is where, toyin' idly wid de jumbo okapiburger an' watchin' de ash floatin' in de cole cocoa, an' gen'lly refleckertin' upon de way o' de worl'. Wot man but a plassertic tomato full o' ketchup waitin' to be squeezed to nothin'? Wot life but a blob o' bitter mustard on de table o' eternity waitin' fo' de Great Damp Clof in de sky to come along an' wipe it up? Wot it all for? Where we all goin'?

Well, de loyal fans havin' to find someone else to answer de major questions f'om now on. I puttin' de cover on de Olivetti; like it sayin' on de Ruby Hat o' Omar Sharif: de Movin' Finger writin', an' wen it packin' up, it movin' on, an' you ain't gittin' it back wid a lot o' yellin' an' carryin' on, so shut yo' face.

It amazin' de way poetry summin' up de rich yuman experience in a way wot mere prose incapable of.

It bin a good coupla years, an' I grateful fo' de opportunity o' raisin' journalism to a art form, an' if anyone f'om de GLC feel like bangin' up one o' de charmin' blue placks, I ain't standin' in their way. But it time fo' me to pack up dabblin' wid Art, on account o' Duty callin', an' de danger creepin' in o' negleckertin' de affairs o' state: look at de case o' Paddyrewski, tryin' to be a Pee Em at de same time he hammerin' away on de concert piano, no wonder Ireland endin' up in de present condition.

No, it time fo' me to git back to work: not bin a Uganda coo put down in weeks, not bin a judge strung up or a Cabinet Minister wid de toes pulled out since midsummer, it clear I spendin' too much time polishin' de elegant sentences an' turnin' de smart anagrams; an' not enough goin' down de clink an' lashin' out wid de ceremonial mace; an' soon as de dismemberin' start fallin' off, de popperlace losin' respeck fo' de man at de top.

Amazin', de changes wot takin' place in de too years since I embarkin' on de lit'ry career! Nixon gone, Heaf gone, Pompidou gone, Brant gone, Caetano gone, Meir gone, Gaddafi gone, de Greek lot gone—you lookin' at de major remainin' leader o' de Free Worl', an' it jus' goin' to show wot it takin' to remain at de top, an' wot a rare commodity fo' genius dis leadership are, specially wen you combinin' it wid de ability to shoot de ear off a ferret at two hunnerd yards.

So f'om now on, I concentratin' on keepin' de eye on Uganda, Hub o' de Universe, an' ensurin' dat de popperlace not suddenly gittin' bereft o' de beloved man wot always in de loyal hearts an' minds: let de brane drif' idly into lit'ry meditation while you lollin' at de desk or gazin' out de open windah, an' fust thing you know a accidental bullet or sim'lar takin' de bonce off at de collar, an' de country gittin' plunged into de dark night o' chaos an' terror. Not to mention where you lyin' on de carpet in bits.

So I windin' up. Here we are at de las' paragraph you gonna see fallin' f'om de magic fingers. It a dam shame de mirac'lous Vera Lynn not able to be wid us to lend a bit o' tone to de occasion wid de wishin' o' de luck an' de wavin' goodbye, but if you fancy doin' a bit o' de movin' hummin' under yo' bref, feel free.

September 11